Eines anderen sei nicht,
wer sein Eigener zu sein vermag.

*Lebensleitspruch des Paracelsus*

Bibliografische Information der Deutschen Nationalbibliothek:
Die Deutsche Nationalbibliothek verzeichnet diese Publikation in der
Deutschen Nationalbibliografie; detaillierte bibliografische Daten sind
im Internet über www.dnb.de abrufbar.

Gestaltung und Copyright © 2020 Nora Thielen
Umschlagbild: Paracelsus nach einem Stich aus dem Jahre 1540
Herstellung und Verlag: BoD - Books on Demand Norderstedt

ISBN: 9783751993500

Nora Thielen

# Die Straße war seine Lehrmeisterin

## Die Wanderungen und das Werk des Paracelsus

# INHALT

Paracelsus war Arzt, Alchemist, Mystiker, Laientheologe und Naturphilosoph. Geboren 1493 in der Schweiz, begann er schon mit 16 Jahren Medizin zu studieren. Die längste Zeit seines Lebens zog er als Wanderarzt durch die Lande, erst durch Süd-, Nord- und Osteuropa, später durch die Alpengegenden Mitteleuropas. Für das bürgerliche Leben war er nicht geschaffen. Vier Versuche, sesshaft zu werden, scheiterten. Immer wieder war er auf die Landstraße verwiesen mit all ihren Widrigkeiten. Er selbst empfand sein Los als prädestiniert, hat es willig angenommen, weil es ihm die vielseitigsten Erfahrungen erschloss. Bücherwissen allein ließ er nicht gelten, nur breitgefächertes, durch gründliches Studium der Natur erworbenes Wissen machte für ihn einen guten Arzt aus. Dadurch brachte er sich in Gegensatz zu den meisten seiner schulmedizinischen Kollegen. Immer wieder stellte er die überholten Lehrwerke antiker Autoren infrage, auf denen die damaligen Behandlungen fußten. Unbeirrt forderte er neue empirische Untersuchungen und Beobachtungen. Gemessen am Erkenntnisstand seiner Zeit erlangte Paracelsus ein erstaunliches medizinisches und pharmazeutisches Wissen. Er lehrte, dass viele Krankheiten durch äußere Einflüsse entstehen und sich mit Arzneien einfachster Art behandeln lassen. Er erkannte aber auch Krankheitszusammenhänge außerhalb des rein Organischen, beschäftigte sich mit psychischen wie mit magisch manipulierten Krankheiten; dabei war er durch und durch ein Christ, suchte seine Lehre stets auf das Wort der Bibel zu gründen. In jener religiös so bewegten Zeit, in der alles entweder für Luther oder für den Papst Partei ergriff, stand Paracelsus außerhalb aller Gruppierungen, »sein Eigener« wollte er sein und blieb sich in allen Verhältnissen selber treu. Diese innere Unabhängigkeit brachte ihm allerhand Gegnerschaft ein. Nicht allein seine derbe, ungeschliffene Art wurde Paracelsus zum Vorwurf gemacht, sondern auch der Umstand, dass er fast alle seine Schriften allgemeinverständlich in Deutsch verfasste, ja, sogar an der Basler Universität in deutscher Sprache lehrte, damals, da die Gelehrtensprache Latein war, eine unerhörte Ketzerei.

Das Werk des Paracelsus ist von seinen Wanderungen nicht zu trennen. Die Natur, die für Paracelsus die Welt darstellt, ist ein einziges großes Ganzes, ein Organismus, in welchem alle Dinge miteinander übereinstimmen und sympathisieren. In jedem Land, jedem Menschenschlag fand er dessen Eigenarten in den jeweiligen Krankheiten gespiegelt. »Die englischen Humores sind nicht ungarisch noch die neapolitanischen preußisch. Darum mußt du dahin ziehen wo sie sind. Und je mehr du sie dahin suchst und je mehr ihr erfasst, je größer ist dein Verstand in deinem Vaterland.«[1] Der Forscherdrang des Paracelsus war enorm. Und da er selber arm und unbelastet materieller Habe seiner Wege zog, hatte er einen guten Kontakt zum einfachen Volk. Ob Bauer, Kräuterweib oder Bader, keiner war ihm zu gering, um von ihm zu lernen. Alle Schriften profitieren von der ungeheuren Fülle an Praxiswissen, das er unterwegs fragmentarisch festhielt und oftmals erst Jahre später ausarbeiten konnte, dann wenn er einen Ort der Ruhe fand. Diese Schriften sind es heute allein, aus denen neben wenigen erhalten gebliebenen Aktenstücken, sich die Biographie des Paracelsus rekonstruieren lässt. Der größte Teil seines Lebens war das Elend der Straßen, bisweilen auch das Elend der Schlachtfelder. Daher verdanken wir ihm entscheidende Erkenntnisse in der Wundarznei und in der Behandlung der Syphilis. Sein Leben waren aber auch die Wiesen, Wälder und Gebirge. Immer wieder zog es ihn in die Einsamkeit. Hier in der Reinheit der Natur liegen die Quellen seiner noch immer nicht völlig ausgedeuteten metaphysischen Schriften, die bis heute aus Paracelsus ein in allen Tönen changierendes Geheimnis machen.

*Eine Gehstunde von Einsiedeln entfernt: Die Teufelsbrücke über die Sihl am Etzel-pass, Geburtsheimat des Paracelsus, wo er die ersten acht Kinderjahre verbringt. Historischer Holzschnitt.*

# I

# In den »Tannenzapfen« aufgewachsen

Ich bin von Einsidlen, des Lands ein Schweizer, soll mir mein ländlich Sprach niemand verargen.

*Die große Wundarznei, 1536*[2]

Wir schreiben den 10. November 1493. Es ist vermutlich jener Freitag, als im schweizerischen Einsiedeln dem approbierten Arzt Wilhelm Bombast von Hohenheim und seiner Frau ein Sohn geboren wird, der den Namen Theophrastus erhält. Noch ahnt Theophrastus nicht, in was für einer bewegten Zeit er angekommen ist. Auf den Tag vor fünf Monaten erblickte in Augsburg Anton Fugger das Licht der Welt, eine Welt, die nicht zuletzt durch geschäftstüchtige Leute wie dessen Familie einer neuen Ära entgegengeht. Sein Onkel Jakob erkennt just 1493 die unerhörte Möglichkeit, die im Abbau von Silber und Kupfer steckt, es ist der Grundstein eines Monopols, das Anton einmal ermöglichen wird, den Handel bis in das neu entdeckte Amerika auszudehnen. Als Kopernikus erkennt, dass sich die Erde um die Sonne dreht, werden nicht nur die Seekarten genauer, er stellt damit das ganze Menschen- und Gottesbild auf ein neues Fundament. Während Aufbruch und Forschergeist den Horizont der einen gewaltig erweitern, hängen andere noch dem alten Glauben an Magie und Hexen an, so auch Martin Luther. Der Reformator wettert zwar heftig gegen die Macht des Papstes, ist aber gleichzeitig Befürworter der Hexenverbrennung.

Die Hürde vom Mittelalter zur Neuzeit ist voller Widersprüche. Die Angst vor dem plötzlichen Tod durch Pest und Krieg, die Sorge um das Seelenheil, hält die Menschen fest im Griff der Kirche. Gleichzeitig wächst der Unmut gegenüber immer unverschämteren Ablässen. Doch die Geister der Erneuerung haben in der Druckerpresse eine mächtige Verbündete gefunden. Die Ausweitung des Buchdrucks in vielen Sprachen beeinflusst nicht nur religiöse Veränderungen, sondern auch die politischen Verhältnisse europaweit. Ein frischer Wind weht von Italien her. Die Ideen der Antike sollen wiedergeboren werden, der Mensch ist aufgerufen zur Entfaltung seiner vollen Menschlichkeit. Unbekümmert um Tradition und Verbot legen humanistische Gelehrte griechische, hebräische und lateinische Texte neu aus, um Kraft eigenen Denkens die Wahrheit zu ergründen. Herausgehoben aus der festgefügten mittelalterlichen Ständeordnung, wird der Mensch hingeführt zu eigener Entscheidung und zu neuen Formen in Religion, Wissenschaft, Politik und Kunst. Fast symbolisch stellt Leonardo da Vinci seinen »Vitruvianischen Menschen« in den Mittelpunkt des Kreises, wie ins Zentrum der Weltkugel. Frei von allen Tabus betreibt der italienische Meister Anatomiestudien, konstruiert Flugapparate, entwirft Automaten von Menschengestalt, baut die erste Herzklappe. Doch das alles sind Vorstellungen fern des einfachen, friedlichen, von Aberglaube und Gottesfürchtigkeit geprägten Lebens in Einsiedeln. Neuigkeiten aus den Tälern, wo man schon italienisch spricht, bringen höchstens Kranke auf der Wallfahrt zur wundertätigen Mutter Gottes ins Elternhaus des Paracelsus, das damals an der alten Pilgerstraße steht. Umgeben von dunklen Wäldern, wo die Teufelsbrücke über die rauschende Sihl führt, hatte sich der Vater sesshaft gemacht, nachdem er eine Lehnsfrau des Benediktinerklosters geheiratet hatte. »In den Tannenzapfen aufgewachsen« sei er, soll Paracelsus später seine bäurisch raue, fast grobe Art verteidigen, die ihn im Leben so oft anecken lässt. So sagt er von sich selber: »Von der Natur bin ich nicht fein gesponnen, ist auch nit meines Landes Art, dass man was mit Seidenspinnen erlange; wir werden auch nit mit Feigen erzogen, noch mit Met, noch mit Weizenbrot, aber mit Käs, Milch und Haferbrot...«[3]

Inmitten der unberührten Natur wächst er auf. Die Eltern und die mütterlichen Großeltern sind sein Umgang, die Tiere im Haus seine Spielgefährten. Der Vater hält den Jungen an, die Blumen auf den Wiesen und Bergweiden genau zu betrachten, sich ihre Namen zu merken; dann wenn er ihn mitnimmt zu den

*Jakobsweg, der über den Etzelpass zur Wallfahrtskirche des Klosters Einsiedeln führt. Am Elternhaus vorbeiziehende Pilger aus allen Herren Ländern dürften für den Knaben Theophrastus ein vertrauter Anblick gewesen sein.*

Kranken in der näheren und weiteren Umgebung. Der Vater ist nicht nur Arzt, sondern auch Lehrer jener Kunst, die aus Pflanzen, Gesteinen und Metallen durch Schmelzen und Destillieren, Erhitzen und Abkühlen neue Stoffe abzuscheiden und zu gewinnen vermag. Schon früh begleitet ihn der Sohn in die Bergwerke, die Erzwäschereien, Schächte und Hütten und zu geheimnisvoll glühenden Schmelzöfen. Auf diese Weise hat Theophrastus von Kindesbeinen an das unmittelbare Erlebnis der wirkenden Naturkräfte erfahren.[4] »Von Kindheit auf hab ich die Ding getrieben und von guten Unterrichtern gelernt, die in der adepta philosophia die ergründetsten waren, und den Künsten mächtig nachgründeten. Erstlich Wilhelmus von Hohenheim, mein Vater, der mich nie verlassen hat.«[5]

12

Die Mutter muss früh gestorben sein, etwa als Theophrast acht Jahre alt ist. Es ist die Zeit kurz nach dem Schwabenkrieg und der Vater als zugewanderter Schwabe mag sich nach ihrem Tod wohl zu sehr als Fremder in der Schweiz gefühlt haben. Im Jahre 1502 zieht er mit dem Jungen nach Villach in Kärnten und wird dort Stadtarzt. Hier erhält Theophrast vermutlich in der Klosterschule der Benediktiner im Lavanttal und in den Laboratorien der dortigen Metallhütten und Bergwerke seine Grundausbildung.

Da in dem umfangreichen Schrifttum des Paracelsus nur sehr allgemein gehaltene Angaben über seine Ausbildung enthalten sind, ist die Nachwelt auf Vermutungen angewiesen. Man nimmt an, dass Theophrast von Hohenheim vorerst die Artistenfakultät der Universität Wien besucht (1509), nicht nur wegen der Nähe zu Kärnten, sondern auch, weil zahlreiche Studenten aus der östlichen Schweiz hier studieren. Ob Theophrast nach Erlangung des Baccalaureates (1511) noch in Wien oder an einer süddeutschen Universität mit dem Medizinstudium beginnt, lässt sich nicht sagen. Jedenfalls hält er sich 1512 bei seinem Vater in Villach auf und macht sich von dort ausgerüstet mit Rucksack und Wanderstab auf den Weg durch die südlichen Alpen. Auf Schusters Rappen sich neue Erfahrungen erschließen, ist ganz nach seinem Geschmack. Stets zieht er das lebendige Buch der Natur allen anderen Büchern vor: »Das Buch betrügt niemanden, es hat kein falscher Schreiber geschrieben; der hat´s geschrieben, der keines Papieres bedarf, uns daraus zu lehren.«[6] Fast zwei Jahre reist er durch Italien, via Tarvis und Udine nach Venedig und Padua, studiert vermutlich an verschiedenen Universitäten bis es ihn schließlich an die berühmte medizinische Fakultät von Ferrara zieht. Viele Studenten aus Deutschland und der Schweiz bevölkern die

*Niccolo Leoniceno (1428-1524), erster Arzt, der in einer gelehrten Abhandlung die Syphilis beschreibt und rechts Giovanni Manardi (1462-1536).*

Hörsäle. Niccolo Leoniceno und dessen Schüler und Nachfolger Giovanni Manardi, beide typische Renaissance-Humanisten, sind die bedeutendsten Lehrer des Paracelsus. Etwas über zwei Jahre dürfte Paracelsus in Ferrara geblieben sein und promoviert dort 1516 zum Doktor der Medizin.

Aber ein Doktorexamen allein macht für Paracelsus noch lange keinen Arzt. »Wie kann aber einer in so wenig Jahren, in dreien, höchstens in fünfen, studieren, dass er mög´ ein Doktor werden? Kann er wohl philosophieren oder Astronomia wie Alchimia erfahren und danach noch die Physica? Das mag nit möglich sein!«[7] Arzt werden, Arzt sein heißt für ihn, ein steter Wandersmann sein, denn das Wissen, die »Künste«, sind »nicht alle in eines Vaterland eingeschlossen, sondern sie sind durch die ganze Welt ausgeteilt. Nicht dass sie in einem Menschen allein oder an einem Ort seien, sondern sie müssen zusammengeklaubt, genommen und gesucht werden, da da sie sind.«[8]

14

# II
## *1516 - 1524*

# Zu Fuß durch Europa

**D**ie Geschrift wird erforschet durch
ihre Buchstaben, die Natur aber durch
Land zu Land: Als oft ein Land, als oft
ein Blatt. Also ist codex naturae; also
muss man ihre Blätter umkehren.

*Septem Defensiones, 1538*[9]

Abermals zieht Paracelsus 8 Jahre in die Welt. Stets ist er bestrebt zu lernen. »Nicht allein bei den Doktoren, sondern auch bei den Scherern, Badern, gelehrten Ärzten, Weibern, Schwarzkünstlern, so sich des pflegen, bei den Alchimisten, bei den Klöstern, bei den Edlen und Unedlen, bei den Gescheiten und Einfältigen.«[10]

23 Jahre alt ist Paracelsus, als er auf den alten Handels- und Heeresstraßen durch Italien zieht. Meist zu Fuß, selten zu Pferd, oder auf dem Karren der Fuhrleute ist er unterwegs. Stets mit scharf beobachtenden Augen. Von den Hufschmieden lässt er sich das Ausbrennen der Wunden und ein blutstillendes Heilmittel aus Kupfer zeigen, und die Fuhrleute fragt er nach ihren Salben, mit denen sie ihre wundgescheuerten Gäule behandeln. Erfahrungen will er sammeln, er nennt es Erfahrenheit, neue Krankheitsbilder sehen, neue Heilmethoden kennenlernen. Auf dem Weg nach Florenz lernt er die Not der Landbevölkerung kennen. In den Dörfern und auf den Landgütern gibt es keine Ärzte. Bader, Kurschmiede oder Scharlatane betreuen die Kranken. Eindrücke, die sich im Verlauf der weiteren Wanderung ständig wiederholen. Über Siena führt sein Weg nach Rom, Mittelpunkt der damaligen Welt und ersehntes Ziel aller Italienreisenden. Paracelsus interessiert vor allem das »Spital zum Heiligen Geist«, das besser ausgestattet ist als alle Spitäler, die er bisher gesehen hat. Über die römische Universität urteilt er später weit weniger freundlich. Immer wieder tadelt er, dass Ärzte durch äußeren Schein und Pracht über Unkenntnis und Unvermögen hinwegtäuschen. Je weiter er herumkommt, desto größer erscheint ihm die Kluft zwischen dem erlernten Wissen, der Bücherweisheit und den Erfordernissen des wirklichen Lebens. Damals beginnt er sich vom scholastischen Curriculum zu verabschieden. »Da verließ ich der alten Skribenten Bücher und Schriften mitsamt ihrem Geschwätz, das

da pflegen die von den Hohen Schulen.«[11]

Auf der alten römischen Heerstraße zieht er weiter nach Neapel. Hier beschäftigt er sich zum ersten Mal intensiv mit der Syphilis. Viele Männer, Frauen und Kinder sieht er an der Lustseuche erkranken und daran sterben. Alle Anweisungen und Verordnungen der Ärzte erscheinen ihm nutzlos gegenüber der Übermacht der Krankheit: Stirbt einer nicht an der Krankheit, so an der Therapie.

Natürlich lockt ihn Salerno mit der einst fortschrittlichsten Medizinschule Europas. Und genauso interessieren ihn die Spuren arabischer Heilkunst in Montpellier. Doch wieder wird Paracelsus enttäuscht. Und dann zieht er weiter, um in einem anderen Land zu suchen, was er hier nicht finden kann. »Denn will einer einen Braten essen, so kommt das Fleisch aus einem andern Land, das Salz aus einem andern Land, die Speis aus einem andern Land. Müssen die Dinge wandern, bis sie zu dir kommen, so musst du auch wandern, bis du das erlangst, das nit zu dir gehen kann.«[12]

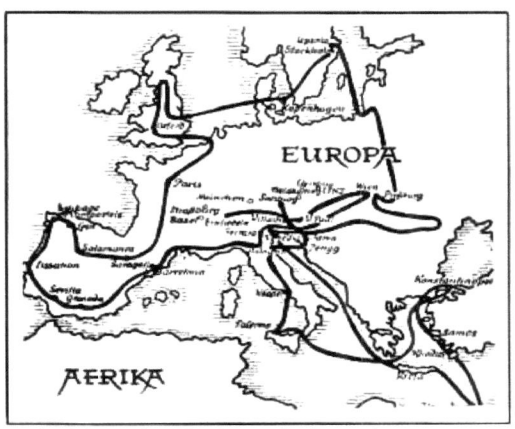

*Verlauf der großen Wanderung des Paracelsus.*

Entlang der Mittelmeerküste wandert er von Frankreich nach Spanien. Barcelona, Cartagena, Granada, Cordoba, das maurisch geprägte Sevilla, kommt über Lissabon an das Pilgerzentrum Santiago de Compostela und wandert über die Pyrenäen zurück nach Frankreich. Von Dorf zu Dorf wanderte er, von Stadt zu Stadt, überall behandelt er Kranke und befragt die Leute nach ihren bewährten Heilmethoden und Arzneien. 1518 finden wir Paracelsus in Paris und ein Jahr später in Brügge. Von Antwerpen, wo er sich bald darauf aufhält, berichtete er, dass man auf den Marktplätzen dieser Stadt mehr lernen könne als auf »deutschen und welschen Hochschulen«. Nach Paracelsus eigenen Aussagen hat er an den »Venedischen, Denemarkischen und Niderlendischen Kriegen« teilgenommen, das heißt, dass er mehrmals Feldarzt gewesen ist. Als solcher erkennt er, wie wichtig es ist, die innere Medizin der Ärzte mit der Wundbehandlung der Bader zusammenzubringen. Das Schneiden und Ausbrennen der Wunden, bisher nur den Badern vorbehalten, erledigt er selbst. Weil er aber den Körper als ein lebendiges Ganzes begreift, versucht er die gestörten Kräfte auch von Innen her wieder ins rechte Gleichgewicht zu bringen. In der Wundbehandlung stützt er sich auf das Wissen der alten Alchemisten, sublimiert, destilliert, stellt Wundöle, Balsame, Pulver her. Als betäubendes Schmerzmittel schwört er auf Sulphur. »Hier sollet ihr aber wissen von diesem Sulphur, dass unter allen der vom Vitriol* am bekanntesten ist, dass er an ihm selbst fix ist. Zum anderen hat er eine Süße, dass ihn die Hühner alle essen und aber entschlafen auf eine Zeit, ohn Schaden wieder aufstehen...« Anders als die von den damaligen Ärzten benutzten Opiate der Mandragora oder des Schlafmohns, die er für ein solches Gift hält, dass sie für den Menschen nicht zu gebrauchen seien, hält er den Vitriol-Sulphur für »gar mild und tugendlich«. »Er sediert ohn Schaden alle dolores.«[13]

*Gemeint ist Kupfervitriol, bzw. Kupfersulfat. Die neuesten Forschungen und Ergebnisse aus der energetischen Schwingungsmedizin haben nun den experimentellen Nachweis der Wirksamkeit dieses Pulvers erbracht.[14]

## Lernet den Himmel erkennen
## Die elf Traktate

**D**ie Fülle an praktisch erprobtem Wissen, das Paracelsus während seiner Wanderschaft buchstäblich er-fährt und erwandert, hält er unterwegs in Fragmenten und Entwürfen fest, die er um 1520 in »Elf Traktaten« ausarbeitet. Jeder der Aufsätze behandelt eine der landläufigen Krankheiten, die ihm in den Städten und Dörfern bei Arm und Reich begegnen, von Würmern, Grippe, Gicht und Rheuma bis hin zu Schwindsucht, Gelbsucht und Epilepsie.

Hinter der Schrift steht die Lehre von der großen und der kleinen Welt, Grundlage der *adepta philosophia*, in die ihn einst der Vater eingeführt hat. Es ist der hermetische Geistesstrom, der sich seit dem 12. Jahrhundert im Abendland ausbreitet und auf den sagenhaften ägyptischen Weisen Hermes Trismegistos zurückgeht. Kernsatz der Lehre lautet: »Denn was oben ist, das ist auch unten, und was unten, ist auch oben.« Das Leben auf der Erde in Pflanzen, Tieren und Menschen ist demzufolge nicht allein von der Erde her begreifbar, sondern allein durch den Einfluss von Sonne, Mond und Sternen. In dieses Kraftfeld zwischen Himmel und Erde ist der Mensch eingespannt: Der leibliche Mensch und sein inneres, geistiges Gegenstück, der eigentliche Mikrokosmos.

In allen elf Traktaten versucht Paracelsus jeweils durch konkrete Erfahrung des sichtbaren Krankheitsbildes zu den unsichtbaren Ursachen vorzudringen, um entsprechende Heilungsmöglichkeiten aufzuzeigen. Die Ursache des Podagras etwa, damals Sammelbegriff für alle rheumatischen und rheumaähnlichen Leiden, erkennt daher allein der astronomus, »der da den Himmel des Sommers weiß und seine Sterne und ihre Art, der da weiß den Himmel des Winters, seine Sterne, ihre Art und

*Lateinische Fassung der »hermetisch« verschlüsselten **Tabula Smaragdina**, die unter dem Grab des Hermes Trismegistos gefunden worden sein soll und als Grundlagentext der Alchemie gilt. Stich von 1610.*

**Wahrhaftig**, ohne alle Lüge, gewiss und wahrlich sage ich: das, was unten ist, ist wie das Obere, und das Obere gleicht dem Unteren, - auf dass sie vereinigt ein Ding herfürbringen mögen, das voller Wunder steckt. Und gleich wie alles aus einem durch des einigen Schöpfers Hand entstanden ist, also werden auch alle Dinge nunmehr aus diesem einzigen Ding durch Anordnung der Natur geboren. Sein Vater ist die Sonne und seine Mutter der Mond, die Luft trägt es in ihrer Gebärmutter. Seine Säugamme aber ist die Erde. Dies Ding ist der Ursprung aller Vollkommenheit ... Steige durch großen Verstand von der Erde gen Himmel und von dannen wiederum in die Erde, und bringe die Kraft der obern und untern Geschöpfe zusammen, so wirst du aller Welt Herrlichkeit erlangen.[15]

*Ersten Sätze der Tabula Smaragdina*

Natur... Denn die Influenz, die aus dem Himmel ist und gekommen ist und hat die salia, mineralia gemacht, die ist auch die, die sie in dem Mikrokosmos macht, denn der Mikrokosmos ist die selbige Welt.«[16] Mit anderen Worten: So wie es in der Natur durch Niederschläge zur Kristallisation salziger Minerale kommt, so auch im »Gliedwasser« des menschlichen Organismus. Harnsaure Salzbildungen in Form von Kristallen in den Gelenken abgelagert, können außerordentliche Schmerzen bereiten. Zudem muss der Arzt um den inneren Sommer und Winter des Patienten Bescheid wissen. Denn »sein Bereiter, der diese Dinge macht, das ist das Jahr. Das Jahr, was ist es? Beides, Sommer und Winter. Was ist aber das in der Physica? Es ist, zwei Arten hat das Podagra, den Sommer und den Winter. Die Eigenschaft des Sommers ist eine Art des Podagrams, und die Eigenschaft des Winters die andere Art des Podagram.«[17] Im zweiten Traktat über die Schwindsucht hat Paracelsus den Gedanken des biologischen Rhythmus bereits bildhaft formuliert: »der Leib des Menschen ist gleich der Erde, die den Sommer hat; der ist fruchtbar, - und darnach kommt der Winter, der ist unfruchtbar. Das was der Sommer gegeben hat, das bringt der Winter zur Verzehrung, und der nachfolgende Sommer muss wiederbringen und erstatten, das hin ist und hinweg ist. So fällt auch den Menschen ein Winter an, der unfruchtbar ist; der verzehrt, was gestern wuchs, und wenn der Sommer nit nachfolgte, so würden alle Menschen ausdorren. Aber sobald der Winter hin ist, so ist ein andrer Sommer da, und so geht es für und für, der Leib zehrt ab durch den Winter, und durch den Sommer kommt ein frisch und grünes Leben an die Statt.«[18] Doch auch dieses Wissen genügt noch nicht für eine gültige Diagnose, sondern: »befleißige dich der Zeichen der Erfahrenheit, wie sie dir die Kranken angeben und vorhalten, nit [nur] in einem Lande, sondern in ganz Europa und Afrika…«[19]

Zu Beginn des Jahres 1520 schließt sich Paracelsus dem Heer des dänischen Königs Christian II. an und zieht mit ihm nach Schweden. An der Einnahme Stockholms nimmt er teil, festgehalten in der Auflistung außergewöhnlicher Arzneien gegen Wunden und Stiche in der »Wundarznei«.[20] Nach ausgedehnten Reisen durch Osteuropa, »durch Litauen, durch Poland, Ungarn, Walachei, Siebenbürgen, Crabaten*, Windisch Mark*, auch sonst andere Länder nit not zu erzählen«[21] kehrt Paracelsus im Jahre 1524 über Venedig nach Villach zurück. Bald darauf lässt er sich in Salzburg nieder.

Die eigentliche schriftstellerische Arbeit beginnt hier, nahe der alten Kumpfmühle in »Wolfgang Buchlers Behausung«, wo Paracelsus Quartier bezieht. Eine Fülle an Wissen ist in ihm aufgespeichert und es drängt ihn, es weiterzugeben. Es ist eine unruhige Zeit. Überall in Europa brodelte es. Bauern und Bergleute wollen die Unterdrückung durch die Mächtigen nicht länger hinnehmen. Bald da, bald dort, kommt es zu Aufständen. Auch in Salzburg bleibt es nicht ruhig. Man hat Paracelsus im Verdacht, mit den Aufständischen in Verbindung zu stehen. Paracelsus ist kein Leisetreter. Er hat auf Reisen viel Elend erlebt und ein starkes Gerechtigkeitsempfinden: »Der Adel ist von Gott nit, die Arbeit ist von Gott … Darum sind vier Gaben auf Erden, als eine der Feldbau, ein andere die Handwerke, die dritte der Freien Künst, die viert der Obrigkeit. Die alle erhalten sich gegen einander, und ein jeder Teil nützet und erhält die andern drei Teil, … dass gar kein Teil den andern verschmähen kann und von sich ausschließen.«[22] So etwa wird es sich angehört haben, wenn Paracelsus in den Wirtshausdisputen Stellung bezogen hat. Er weiß, dass er in Gefahr ist und es drohen grausame Strafen. Obwohl bei der behördlichen Untersuchung nicht genügend Gründe zu seiner Festnahme gefunden werden, zieht er es vor, die Stadt so schnell wie möglich zu verlassen.

* Crabaten = wohl Kroatien
* Windisch Mark = Krain

# III
## *1525-1529*

# Süddeutschland, Straßburg, Basel, Colmar

Das ist aber wohl wahr, dass in der Erden noch viel liegt, das ich nit weiß; es haben auch andere kein Wissen. Denn das weiß ich wohl, dass Gott noch viel Seltsams wird an den Tag legen, das bisher nie gelegt ist worden und offenbaret ...

*De Mineralibus, 1526*[23]

# Heimische Heilschätze
## Von den natürlichen Dingen *und* Bäderschriften

**W**ieder ist Paracelsus auf die Straße verwiesen. Er wendet sich Süddeutschland zu, über ein Jahr ist er unterwegs. Ingolstadt, Neuburg an der Donau, Ulm. An den Universitäten Tübingen und Freiburg hält er wahrscheinlich Vorlesungen, wozu er als Doktor berechtigt ist. »Viel Fremde« von hier ziehen ihm nach, wohl begeisterte Schüler. Von beiden Städten aus unternimmt er Ritte zu Kranken in der näheren und weiteren Umgebung. In das berühmte Benediktiner-Kloster Hirsau im Schwarzwald kommt er ebenso wie zu den bekannten Heilquellen von Wildbad und Bad Liebenzell. Seine Bäderschriften sind unter dem frischen Eindruck jener Zeit entstanden. »So wisset fürhin von den Thermis, … dass sie sind ein resolviertes Mineral ... Aus diesem folgt, dass die Tugend, Kraft und Eigenschaft derselbigen [Minerale] vollkommen in einem Wasser sind, darum dass es sich vergleicht demselbigen Metall, dadurch es läuft und die Art und Natur empfängt … Solcher Bäder Art und Eigenschaft lob ich zu erkennen [und] wissen an einem Arzt.[24] [Es] sind etliche Bäder, … die sonderlich in den spezifierten Krankheiten Kraft und Gewalt haben, dieselbigen zu vertreiben.«[25]

Fünf Jahre sind es her, seit Paracelsus 1520 nach der Rückkehr von den bitterkalten Schlachtfeldern Schwedens von Leipzig aus durch das sächsisch-böhmische Erzgebirge gewandert ist.[26] Damals gilt sein Interesse den Mineralquellen im Tal der Eger: Karlsbad, Teplitz, Marienbad und Franzensbad, deren reinigende Wirkung nicht zuletzt Goethe für »wirklich etwas Wunderbares« hielt, weil der »Brunnen« alles Böse wegfege.[27] Zu Paracelsus Zeiten sollen Jugendliche Mineralwasser in Krügen aus den ersten Sauerbrunnen in die Häuser von Franzensbad getragen haben. Paracelsus untersucht die heute von Kennern

*Das von Paracelsus eingehend auf seine Heilwasserqualitäten hin studierte Bad Gastein im Salzburgischen. Radierung von J. J. Hertel, 1818.*

als »Kaliumsauerbrunnen« bezeichneten Wasser darauf hin, welche spezifischen Gebrechen darin und damit geheilt werden können und vergleicht sie dann mit dem Wasser von Teplitz, Baden bei Wien und Villach: »diese drei Bäder nehmend ein gleichen Ursprung / und kommen aus den Kalchsteinen«[28]… vergleichbar mit »den Kräften Ligustici«.[29] Landläufig meint der botanische Name heute Liebstöckel, der hier wohl nicht gemeint ist. Einer Untersuchung mittelalterlicher und volkskundlicher Pflanzenbezeichnungen nach handelt es sich bei Ligusticum um Doldenblütler, die wir als Engelwurz oder Angelika kennen. Die Ärzte der Renaissance lobten die Hilfe der Engelwurz gegen die Pest, Paracelsus auch bei inneren Infektionen, als Herzmittel und bei Blähungen. Er bewahrt diese Erfahrung aus dem Tal der Eger auf, verfasst die Schrift *Von den natürlichen Bädern* erst ca. 1525, nachdem er sich einen großen Überblick verschafft hat, zu dem auch die warmen Heilquellen von Pfäfers und Gastein gehören. Damit dürfte er wesentlich zum Ruhm von Bad Gastein beigetragen haben, das sich im späteren 19. Jahrhundert als mondänes Kurbad von internationalem Rang etablierte. Während seines Salzburger Aufenthaltes ist Paracelsus vermutlich erstmalig nach Gastein gekommen, dessen Wasser er als besonders wirkungsvoll zur Behandlung offener Wunden und Geschwüre empfiehlt.[30] Die Analyse bildet die Grundlage aller in den nächsten beiden Jahrhunderten erscheinenden wissenschaftlichen Arbeiten über Gastein.

Der Heilschatz der Thermalwasser ist, wenn auch ein wichtiger, nur ein Teil der heimischen Heilmittellehre, der damals das volle Interesse des Paracelsus gilt. Im *Buch von den natürlichen Dingen*, geschrieben 1525 und 1526 im südwestlichen Deutschland, behandelt er in zehn Kapiteln eine Reihe von Arzneien, die zur Basisausstattung seiner Reiseapotheke gehört haben dürften: So das Johanniskraut, das er als Universalmedizin ansieht, Salz, das er in seiner reinigenden, vor Fäule bewahrenden Wirkung zum Grundelement erhebt und den Magneten, in dem er ein solches Geheimnis sieht, »dass man ohne ihn nichts ausrichten kann in den Krankheiten.« Auch das zur Bereitung von Salben und Pflastern so wichtige Terpentinharz darf in keiner Arzneitasche fehlen. Dabei hat der Arzt die Eigenschaften einer jeden Region zu bedenken. »Des Lärchenbaums Natur und Art ist, zu sein in der Wilde in rauen Gebirgen.« Versetzt man nun einen Lärchenbaum in tiefere Regionen, »so bekommt ihm das so, als wenn eine Gemse vom Gebirge in einen Garten verschlagen wird. Aber das Terpentin empfängt noch einen größeren Schaden; denn so er von seiner rechten Statt kommt, so wird er von seiner rechten Milch fortgeführt, und er nimmt an sich eine fremde Milch. Denn seht an den Unterschied zwischen der wilden und zahmen Erde, wie viel sie nach dem äußeren Aussehen unterschieden sind, - so auch der wilde und zahme Terpentin. Der wilde wächst in keiner guten Erde, und wenn er von der Höhe des Gebirges in die Ebene verpflanzt wird, so entgehen ihm die hohen Lüfte, und er empfängt die unteren Lüfte, das schwächt ihn sehr in seiner Natur.«[31] Genauso will der Zeitpunkt des Einschneidens der Rinde wohl gewählt sein. »Ihr seht, dass ein Vieh, das Milch gibt, seine bestimmte Stunde hat, in der man es melkt. Diese Zeit muss eingehalten werden. Wenn sie aber übertreten wird, und die Kuh über die Zeit steht, gesteht die Milch im Euter, bricht und zerrinnt in sich selbst, wird sauer und geronnen, wird topfig, und je länger, je mehr ärgert sie. Daraus folgt für das Vieh Krankheit und Verderben. ... Solches zeige ich euch darum an, damit man weiß, dass der Terpentin auch seine bestimmte Zeit und Stunde hat, um ihn von seinem Lärchenbaum zu nehmen.«[32]

Für Paracelsus ist die Natur ein einzig wunderbares Arcanum, selbst zur Lebensverlängerung braucht man keinen Stein der Weisen zu bemühen, hinter dem ja alle Welt so begierig her ist. Im *Herbarius*, einer der frühen Heilmittelschriften, schreibt er: »Die ganz alten ersten Philosophen haben sich großer Gesundheit erfreut und suchten ein langes Leben mit fröhlicher Gesundheit zu erlangen. Zu diesem Zweck haben sie die Arznei von der schwarzen Nieswurz gebraucht. Sie begannen, dieses Kraut nach dem 60. Jahr zu gebrauchen bis zum Ende ihres Lebens. Daraus folgte, dass sie ohne Krankheit ausgekommen sind und mit gesundem Körper ihr Ende erreichten. In ihnen ist kein Geschwür noch eine Geschwulst gefunden worden, weder an der Lunge, Leber, Milz noch sonst wo. Sie hatten auch keinen Fluss als Anlass zu Krankheiten der Wundarznei, wie offene Schäden, Wolf, Krebs, Ölschenkel und dergleichen. Auch inwendig ist kein Fluss gewachsen, durch den der jähe Tod, der Schlag, Podagra (Gicht), Chiragra (Handgicht) oder eine andere Krankheit (,Gesücht') in den Hüften oder Gelenken hätten folgen können. Eine Fäulnis ist auch nicht in ihnen gewachsen, durch die der Atem hätte stinken können oder durch die Würmer hätten wachsen können. Wenn ich alles erzählen sollte, könnte ich mit vielen Blättern Papier ihre Tugend nicht beschreiben.«[33]

*Oben l.: Schwarzer Nieswurz ( Helleborus ). Alle Pflanzenteile sind giftig. Hier trifft der bekannte Satz von Paracelsus zu: »Allein die Dosis macht, dass ein Ding kein Gift ist!« R.: Johanniskraut ( Hypericum ) »herrscht über die anderen«, deshalb setzte Paracelsus es u. a. gegen negative Einflüsse ein. Unten l.: Lärchenharzung in Kärnten nach traditionellem Verfahren, so dass der Baum keinerlei Schaden nimmt. R.: Magnetit mit anhängenden Nägeln.*

# Grundlehren Archidoxen

Seine Wanderungen führen Paracelsus durch Süddeutschland nach Straßburg. Die Stadt im Elsass erscheint ihm einladender, um sich sesshaft zu machen, da sie Fremden und weltanschaulich Andersdenkenden gegenüber toleranter ist. Zudem leben Ärzte und Chirurgen in gutem Einvernehmen zusammen. Hier kauft er sich am 5. Dezember 1526 ins Bürgerrecht ein und wird als niederer Wundarzt ordentliches Zunftmitglied.

Paracelsus ist sich bewusst, dass seine Naturforschung, die Naturforschung überhaupt, erst in den Anfängen steht und noch große Erweiterungen ins Unbekannte erfahren wird. Beschäftigten ihn bisher die Grundstoffe aus den Naturreichen, so befasst er sich jetzt mit der Aufschließung ihrer Wirkungen auf chemischem Wege. Grundwerke sind hier vor allem die *Neun Bücher Archidoxis* und was sich an Schriften daran anschließt. Um seinen Gedanken zu folgen, muss man seine Grundbegriffe verstehen. Kein Ding oder Werk entsteht aus sich selbst. So entsteht ein Mineral nur durch die Mithilfe des *Archaeus*, der göttlichen Urkraft, des geistigen Prinzips, das alle Dinge ordnet, leitet und zusammenhält. Weiter braucht es die drei alchemistischen Prozesse: *Sulphur*, das was an einem Ding direkt oder indirekt der Verbrennung unterliegt; *Sal*, alles formbildende Geschehen und *Mercurius*, der zwischen Sal und Sulphur die Mitte hält, der das Verfestigte löst und das sich Verflüchtende bindet. Durchschaut der Alchemist zudem die vier Grundelemente Erde, Feuer, Wasser, Luft in all ihren Wirkungssphären, dann vermag er auch das *Arcanum,* das Geheimnis, zu erkennen. »Arcanum ist alle Tugend des Dings, mit tausendfacher Besserung.«[34] Wir würden heute von den verborgenen Kräften der Natur sprechen. In den Archidoxen führt Paracelsus weiter aus, »dass das allein Arcanum ist, was unkörperlich ist, und unsterblich, eines ewigen Lebens ist, über aller Natur wesend ... und für gewöhnlichen Menschen nicht erkennbar. ... Es hat die Macht, uns zu verändern, zu verwandeln, zu erneuern, zu restaurieren, gleich den Arcanen [Gottes] nach ihrer Anzeigung.«[35] Paracelsus gehört zu den Menschen, die die geistige Schau in sich ausgebildet haben. Er kann sagen, dass im Schwarzen Nieswurz, im Johanneskraut, im Roten Fingerhut diese oder jene Heilkraft wohnt, das heißt, er kann der Natur Heilmittel entnehmen, die tausendfach wirksamer sind, als die von gewöhnlichen Ärzten verordneten, »solche, die dem Leib die Gesundheit erhalten, vertreiben die Krankheiten, befreien von traurigen Gemütszuständen, schützen vor allem Ungesunden und Krankheiten und führen den Leib bis zu seinem vorbestimmten Tod ...«[36]

In jener schriftstellerisch regen Zeit knüpft sich der Kontakt zu dem einflussreichen Basler Buchdrucker und Verleger Johannes Froben und dem berühmten Humanisten Erasmus von Rotterdam, der in Frobens Haus ein und aus geht. Beide sollen Paracelsus bald nach der ersten Korrespondenz konsultieren. Froben hat sich durch den Sturz von der Treppe das Bein so schwer verletzt, dass die Ärzte nach jahrelangem erfolglosen Therapieren zur Amputation des Fußes raten. Bevor sich Froben zu dem folgenschweren Schritt entschließen kann, ruft er auf Anraten seiner Freunde den Hohenheimer, dessen Ruf weit über Straßburg hinaus gedrungen ist. Paracelsus kommt, erkennt das Leiden und heilt es ohne chirurgischen Eingriff. Nach diesem Erfolg lassen auch andere angesehene Männer ihn noch von Basel aus rufen, so Markgraf Philipp I. von Baden, den Paracelsus von einem langwierigen Bauchfluss befreien kann. Da in Basel das Amt des Stadtphysikus nicht besetzt ist, beschließen die Ratsherren, Paracelsus zum Stadtarzt zu berufen und er nimmt mit Freuden an.

# Akademisches Zwischenspiel

Basel ist nicht nur eine blühende Handelsstadt, sondern auch geistiger Mittelpunkt der Wissenschaften und Künste. Es hat eine berühmte Universität zu bieten, da sind hervorragende Druckereien, und da sind bekannte Maler und Kupferstecher, die die Werke der Humanisten mit fähiger Hand illustrieren. Der Aufenthalt in Basel im Jahre 1527 verspricht ideale Voraussetzungen für das Wirken des Paracelsus. Die Leitung des städtischen Gesundheitswesens bietet ihm Gelegenheit, seine Reformideen zu verwirklichen und sie außerdem als Universitätslehrer so vorzutragen, wie er es für richtig hält. Enthusiastisch verfasst er ein Flugblatt und verkündet, er werde nicht mehr aus alten überholten Folianten vorlesen, sondern eine eigene, auf Erfahrung beruhende Lehre vortragen: »Wer weiß es denn nicht, dass die meisten Doktoren unserer Zeit zum größten Schaden der Kranken in schmählichster Weise danebengegriffen haben, da sie allzu ängstlich den Worten des Hippokrates, Galenos und Avicenna und anderer anhingen, als ob diese aus dem Dreifuß des Apollo, gleich einem Orakel, heraustönten, von dem man nicht um einen Fingerbreit abweichen dürfe. Aus diesen Vorbildern aber werden, wenn es den Göttern gefällt, zwar die hervorragendsten Doktoren, nicht aber Ärzte geboren.«[37]

Zunächst liest Paracelsus noch, wie damals für die Graduierten üblich, in lateinischer Sprache, bald aber schon geht er über zum freien Vortrag in deutscher Sprache. Dies erregt erhebliches Aufsehen und fordert die Kritik der Vertreter aller Fakultäten heraus. Diplomatie ist nicht Paracelsus' Stärke, vom ersten Augenblick an schießt er in seinem Neuerungsbewusstsein übers Ziel hinaus. Am 24. Juni geht er in seinem Widerwillen gegen die alte Medizin so weit, dass er eines der überholten scholastischen Werke auf dem Marktplatz ins Johannisfeuer wirft: »auf dass alles Unglück mit dem Rauch in die Luft gang, und also ist gereinigt worden die Monarchei.«[38] Noch bevor er selber merkt, was er angerichtet hat, sammeln sich die Gegner. Als sein Gönner Froben im Oktober 1527 an einem Schlaganfall stirbt, gerät seine Position immer mehr ins Wanken. Wenig später findet sich ein Schmähgedicht »aus der Unterwelt« an den Kirchtüren angeschlagen: »... Verrecken will ich, wenn du würdig bist, dem Hippokrates das Nachtgeschirr nachzutragen. Oder meine Schweine zu hüten, du Lappes! ...«[39] Hinzukommen Honorarforderungen, die nicht eingelöst werden. Es kommt wie es kommen muss. Paracelsus kontert und eine Verhaftung wegen Aufsässigkeit droht. Wieder bleibt ihm nur die Flucht bei Nacht und Nebel.

Zutiefst verletzt zieht er abermals ins Ungewisse.

## Bertheonea *und* »Franzosen«

Über Mülhausen, Ensisheim und Ruffach führt ihn der Weg nach Colmar im Elsass. Herzliche Aufnahme findet er im Haus des Arztes Lorenz Fries, ein Geistesverwandter im Kampf um die deutsche Sprache als Lehrsprache. Paracelsus versinkt nicht in Selbstmitleid und Verbitterung, wendet sich den Kranken zu, von denen er sofort wieder aufgesucht wird. Dem Schmerz von Basel wird er Herr, indem er sich vermehrt auf die schriftstellerische Arbeit konzentriert. Die in Basel begonnenen *Drei Bücher der Wundarznei* ( *Bertheonea* ), Ausarbeitungen seiner während der Wanderungen gemachten Aufzeichnungen, finden hier 1528 ihre Vollendung.
Die Behandlung der vielfältigsten Verletzungen - Stiche, Quetschungen, Knochenbrüche, offene Geschwüre - hat ihn gelehrt:

Die Natur ist in Wunden ihr eigener Arzt, ausschlaggebend ist die Vermeidung von Infektionen, wozu heimische Heilmittel völlig ausreichen. Den Rest besorgt die Natur selbst, wenn man sie in Ruhe walten lässt. Grundsätzlich ist, »dass alle Heilung in der *Mumia* sei«.[40] *Mumia* nennt Paracelsus die unseren Sinnen nicht wahrnehmbare geistige Lebenskraft, den *Archaeus*, den *Spiritus vitae*, wenn er an eine organische Ausscheidung gebunden ist. Die höchste Mumia sieht er in den Salzen, denen ihre Säure genommen ist. Selbst bei Verrenkungen ist die saure Veränderung der austretenden Gelenkflüssigkeit ein wesentliches Moment ihrer Schmerzhaftigkeit. Paracelsus wusste also gut um den Stellenwert der Säuren-Basen-Ballace in Heilungsprozessen. Hat der Arzt nun aber die Kraft der Mumia erkannt, dann mag er sich selbst vertrauen »und den Kranken fröhlich trösten«.[41] Arzt sein bedeutet nicht zuletzt durch Heiterkeit und guten Zuspruch sich selbst als wirkungsvolles Therapeutikum begreifen. Tag und Nacht soll der Arzt den Kranken »vor Augen tragen, all sein Sinn und Gedanken in des Kranken Gesundheit stellen mit wohlbedachter Behandlung.«[42]

Quer durch Europa ist Paracelsus allüberall der gefürchteten »Franzosenkrankheit«, der Syphilis, begegnet, jetzt bietet die Ruhepause Gelegenheit, seine Erfahrungen in zehn Büchern festzuhalten. Obwohl zutiefst von einem Einfluss der Sternenwelt überzeugt, hat sich Paracelsus stets gegen die übliche Astrologie seiner Zeit gewandt, wo zahllose Menschen, vom gemeinen Volk bis zu den Päpsten, ihr Tun und Lassen gänzlich von den Sternen abhängig machen. Doch gerade was die »venerische« Seuche angeht, sieht er es als eine Erfahrungstatsache, dass Frankreich als Land »dem Gestirn dieser Krankheit unterworfen« ist, das heißt, dass Frankreich und seine Bewohner von Natur aus eine besondere Beziehung zur Venus als dem Stern der Liebe haben - im Guten wie im Schlechten. Daher trägt die Syphilis für ihn mit Recht den Namen »morbus gallicus«. Wenn Venus aber die Mutter der Krankheit ist, dann nur bedingt durch den Sexualakt: »Darum so wisset, dass diese Krankheit und venerischer Einfluss keinen Menschen befleckt, der nicht verwilligt, das ist: [in] actionem mit voller Imaginierung und Begierlichkeiten sich einlässt.[43]... Aus solcher Exaltation dieser anreizenden Natur nimmt der actus seinen Anfang und Wirkung. Alsdann so wisset, dass dieser coitus zu beiden Seiten eine Gebärung in einer neuen Krankheit.«[44]

In einem gesunden Körper aber findet die Syphilis keine Angriffsfläche. Allein verwandte Krankheitskeime müssen im Körper den Nährboden bieten. »Also merket in diesen Dingen, dass die Franzosen kein Corpus ( Krankheitssubstanz ) mit sich bringen, allein liegende ( schon vorhandene ) corpora verwan-

*Stich von Jan Sadeler aus dem 16. Jh., der auf ein Gedicht des veronesischen Arztes Fracastoro zurückgeht, in dem 1530 erstmals der Name »Syphilis« auftaucht. Darin wird die Geschichte des Schafhirten Syphilus ( die Schweine liebend ) erzählt, der wegen Gotteslästerung mit der neuen Krankheit bestraft wird.*

deln in ihre Art. Das merk in dem Weg: ihr wisset, dass die Wassersucht mitsamt dem corpus im Leib liegt und hat die Materie der Aquosität im Leib … Desgleichen Gelbsucht ihr besonderes corpus hat. Solches ist aber in den Franzosen nit. Darum so können sie nit ein gesundes corpus makulieren. Sondern allein … aus denselbigen corporibus und Materien [anderer Krankheiten] verwandeln sie es in Franzosen … Dieweil nun die Franzosen allein nur eine Krankheit ist, die da ihren Leib in anderen Krankheiten sucht, so folgt aus dem, dass sie so mancherlei Art haben und nit einerlei gewisse Zeichen.«[45] Paracelsus wusste natürlich, dass die Krankheit auch angeboren sein kann: »Die, so von den Franzosen angegriffen sind worden … ist es in virtute generativa, das ist, dass die französische Materie sich eingemischt hat in die Konzeption, so erbt dasselbige Kind diese Krankheit und wird damit geboren.«[46]

Paracelsus bleibt in Colmar nicht allein. Sein Famulus Johannes Oporinus, den er auf Empfehlung des Basler Humanisten Ökolampadius zu sich genommen hat, reist ihm nach. Im Nachhinein eine unglückliche Wahl. Oporinus hat seinen Lehrer später in eingängiger, für die Öffentlichkeit bestimmter Form, als unsauberen, verschwenderischen Aufschneider bezeichnet, der auf verdächtige Weise, wann er wollte, über Nacht den leeren Geldbeutel in einen gefüllten verwandeln konnte und dergleichen Verunglimpfungen mehr.[47] Obwohl Oporinus die schäbigen Worte vor seinem Tod bereut, kann er nicht verhindern, dass das Geschriebene die Unterlage für viele spätere Herabwürdigungen Hohenheims wird. Noch im Brockhaus von 1809 heißt es über Paracelsus: »Eigentlich war er aber in allen Wissenschaften Scharlatan, der den Ruf von Gelehrsamkeit und Kenntnissen bloß seiner unverschämten Dreistigkeit zu danken hatte.«[48]

35

*Verarbeitung des von den Spaniern in Santo Domingo entdeckten Guajaks; vom Zerkleinern des Holzes bis zur ärztlichen Verabreichung des Tees. 16. Jahrhundert.*

Die Syphilis beschäftigt Paracelsus auch noch das ganze Jahr 1529, als er das gastfreundliche Colmar bereits verlassen hat und sich in Nürnberg aufhält. Ein wichtiger Grund für die Wahl dieser Stadt ist die Hoffnung, hier einen Drucker für seine Werke zu finden. Tatsächlich erscheint bald eine kritische Abhandlung gegen die Bekämpfung der Syphilis durch das südamerikanische Guajakholz. Seine Missbilligung des Holzes, das schlechthin als Wundermittel gegen die Syphilis gilt, bringt ihm nicht nur die Gegnerschaft der Ärzte und Apotheker ein, sondern vor allem auch die der machtvollen Kaufmannsfamilie Fugger. Diese befürchtet durch die Publikation eine erhebliche Schädigung ihres florierenden Geschäftes und erwirkt durch den Dekan der medizinischen Fakultät Leipzig vom Nürnberger Rat ein Druckverbot der neuen paracelsischen Schriften.

36

# IV
## *1530-1536*

# St. Gallen, Appenzeller Land, Südtirol, Ulm

Gutes und Böses muss hervor. So wirs nun
hervorgebracht han, so sollen wir die zwei
voneinander scheiden; das Gute nehmen
und das Böse liegen lassen.

*Von den unsichtbaren Krankheiten, 1531/32*[49]

# Die vier Säulen paracelsischer Medizin
Paragranum *und* Paramirum

Unter Zurücklassung seiner wichtigsten Syphilis-Schrift kehrt
der Hohenheimer Nürnberg noch vor dem 1. März 1530 den
Rücken. Zuflucht findet er auf Schloss Beratzhausen des
Freiherrn Hans Bernhard von Stauff. Wieder einmal hemmt
Paracelsus seinen Zorn durch unermüdliches Arbeiten. Die
Geborgenheit und Ruhe, die er hier findet, gibt ihm die Kraft,
sein großes Werk *Paragranum* zu beginnen. In dieser Zeit
taucht der selbstgewählte Name Paracelsus erstmals auf. Es
kann schlicht die latinisierte Form des Namens Hohenheim
sein, latinisierte Namen sind damals keine Seltenheit; es kann
aber auch bedeuten: »mehr als Celsus«, mehr als jener berühmte Medizingelehrte der Antike. Paracelsus ist kein Großtuer,
aber die ständige Herabwürdigung seiner Kunst fordert eine
überzogene Selbstdarstellung geradezu heraus. In der Vorrede
zum Paragranum findet man denn auch seine vielzitierte
Kampfansage an die Gelehrten der Bucharznei: »ihr müsset mir
nach mit eurem Avicenna, Galeno, Rafi usw. und ich nit euch
nach; ihr mir nach, ihr von Paris, von Montpellier, von Salern,
von Wien, von Köln, von Wittenberg und all ihr in der summa,
und keiner muss ausgenommen sein, ... dess' bin ich monarcha,
und ich führ die Monarchei ... «[50]

Im Juli 1530 wird Paracelsus zu einem Kranken nach Amberg
gerufen. Von dort wandert er nach Regensburg und dann weiter
über Nördlingen, Memmingen, durch Vorarlberg der Schweiz
entgegen. Ende des Jahres erreicht er Sankt Gallen. Seine
schriftstellerische Schaffenskraft ist auf der Höhe, ohne Unter-
brechung macht er sich daran, das Paragranum durch zwei

weitere Grundlagenwerke zu ergänzen: *Das Volumen Para-mirum* und das *Opus Paramirum,* Gedanken, die er schon lange in sich trägt. Diese drei Werke enthalten am substantiellsten seine medizinischen Grundideen. Demnach ist nur derjenige ein Arzt, der gleichermaßen »ein philosophus, ein astronomus, ein alchimist«[51] ist. Die »drei Gründe« nennt er die drei Säulen seiner Medizin. Der vierte Grund aber, der den anderen dreien erst Substanz und Kraft verleiht, ist die Tugend des Arztes.

Ein Philosoph ist der Arzt, der die Erde mit ihren Naturreichen denkend zu ergründen versucht. Der Weg ist der von außen nach innen. Nichts sei innen im Leib, das nicht auch äußerlich genügend angezeigt werde. Wie von selbst wird der Arzt dann nach innen geführt. Wer umgekehrt vorgehe, gerate ins Speku-lieren. Darum hielt Paracelsus die meisten Ärzte seiner Zeit für Phantasten, weil sie nicht von der denkenden Sinneswelt aus-gingen, sondern von überlieferten Meinungen und von Bücher-wissen.

Maßgeblich für den Arzt ist neben der gründlichen Kenntnis der drei Prozesse Sulphur, Mercur und Sal* und der vier Grund-elemente, die spezifischen »Kräfte und Tugenden« der Metalle und Kräuter zu kennen und in der Praxis ihren Zusammenhang mit den gesunden und kranken Leibesgliedern des Menschen zu beherrschen. Hier aber wird der Philosoph bereits zum Astrono-men, denn er weiß, dass jedes Organ seine Entsprechung in einem Planeten hat. Und dieser wiederum seine Entsprechung in einem Metall und einer Pflanze. Stufe um Stufe soll er tiefer mit seiner Erkenntnis eindringen, den äußeren Menschen in den inneren wenden und den inneren im äußeren erkennen. Aber-mals begegnet uns die Lehre von der großen und kleinen Welt, deren überzeitlichen Gesetze Paracelsus noch unmittelbar in der Natur lesen konnte: *»Denn wie die Namen der Sterne sind so sind die Namen der Krankheiten. Die ist des Mars, die der*

39

*Luna, die des Schützen, die des Löwen, die des Pols, die des Bären ... Und so wie die Gesundheit geht, die ist des Saturns, die des Jupiter, die der Venus, - damit ist ein Grund ihrer beider Wachsen, Ursprung und Herkommen gefunden. Denn das Kind wird sich vom Vater nicht entäußern oder absetzen. Darum, der da des Regens Ursprung, Herkommen, Wesen und Art weiß, der weiß auch das Herkommen der Bauchflüsse, der Ruhr, dysenteriae, diarrhoeae, weiß auch der Dinge alle Notdurft und Eigenschaft. Der da den Ursprung des Donners, der Winde, der Wetter weiß, der weiß, von wannen die colia und die torsienes kommen. Der da weiß, wie der Strahl, der Hagel, der Blitz entsteht und wächst, und was in ihm ist und was er ist, der weiß den Harn, den Stein, den Gries und alles, was tari arum berührt oder betrifft; der da weiß die coniunctiones miteinander und die Finsternis, der weiß den mortem improvisam, den jähen Tod, den Schlag und alles, was ihm anhängt. Der da die neuen Läufe der Zeit und die Brechung derselben von Tag zu Tag, von Stund zu Stund weiß, der weiß, was Fieber sind und wieviele und was sie sind. Der da weiß, was der Planeten Rost ist und was ihr Feuer ist und was ihr Salz ist, und was ihr mercurius ist, der weiß, wie die ulcera, die Geschwüre wachsen und von wannen sie kommen, und die scabies, das ist die Krätze, und die leprae, der Aussatz, und die sirei. Der da weiß, was Venus führt oder bestimmt, und was in ihr ist, der weiß der Frauen Anliegen und weiß ihre Krankheiten und Gesundheit, und so mit allen.«[52]*

Erst jetzt, nachdem sich das Wesenhafte, das der äußeren Beschaffenheit des Menschen Zugrundeliegende, dem Arzt tief eingeprägt hat, soll er sich »in die Fakultät der Arznei« geben. Denn der Bäcker, indem er Brot macht, der Rebmann, indem er den Wein macht, der Weber, indem er Tuch macht, ist ein Alchemist. Derselbe, der, was aus der Natur dem Menschen zu

*Nachbildung des alchemistischen Labors des Universalgelehrten Andreas Libavius (1555-1616). Das Spektrum der Alchemisten reichte freilich weit über die stofflichen Wandlungsprozesse hinaus, die den Einstieg in die moderne Chemie schafften. In der verschlüsselten Fachsprache der Adepten wurde das 'Große Werk' als Metapher für eine geistige Umwandlung verwendet.*

Nutze wächst, »es dahin bringt, dahin es verordnet wird von der Natur, der ist ein Alchemist.«[53] Mittelpunkt der Schöpfung ist hier der Mensch. Alle Natur ist nicht nur mit ihm verwandt, sondern auch auf ihn zugeordnet. Ohne den Menschen ist die Natur nicht vollendet. Diese vorbestimmte Vollendung erreicht die Natur, wenn der Mensch sie in die Hand nimmt und sie in höherem Sinne weiterführt. Dieses Zur-Vollendung-Führen ist die große Kunst des Alchemisten. Die Natur schenkt uns die Materie in Form von Mineralien und Pflanzen. Nun ist es am Menschen, diese zu läutern, das heißt, das Heilmittel aus der groben Stofflichkeit herauslösen. Dieses Vermögen, das Edle vom Unedlen zu befreien, setzt voraus, dass der Heilkundige selbst durch innere Läuterung gegangen ist. Darum der vierte Grund, aus dem im *Paragranum* die Arznei erwächst: die Tugend des Arztes. Liebe zur Wahrheit, Redlichkeit, tiefes und ehrliches Gottvertrauen: »Denn der, der eines guten Glaubens ist, der lügt nicht und ist ein Vollbringer der Werke Gottes. Denn so wie er ist, so ist er sein selbst ein Zeugnis; das ist: du musst in Gott eines ehrlichen, redlichen, starken, wahrhaftigen Glaubens mit allem deinem Gemüt, Herzen, Sinn und Gedanken, in aller Liebe und Vertrauen, sein; alsdann, auf solchen Glauben und Liebe wird Gott seine Wahrheit nit von dir ziehen und wird dir seine Werke glaublich, sichtlich, tröstlich offenbar machen.«[54]

## Fünferlei Künste, fünferlei Ärzte

Im *Volumen Paramirum* beschreibt Paracelsus, »dass alle Krankheiten in fünferlei Weg geheilt werden«[55], entsprechend gibt es auch fünferlei Künste und fünferlei Ärzte. Jeder der fünf Heilwege steht als eine »Facultät« für sich und umfasst sämtliche Krankheiten. Deshalb ist es wichtig, dass der Arzt in seinen persönlichen Weg vertraut und nicht »umbwankelt« von einer Methode in die andere fällt. Der Weg der »naturales«, ist das Heilen mit Hilfe der Natur. Jene Ärzte suchen Erkältungen durch Erwärmung, Überfüllung des Magens durch Entleerung, Abmagerung durch reichliche Ernährung, also Mangel durch Ausgleich zu heilen. Die Ärzte des zweiten Weges sind die »specifici«. Durch Erfahrung finden sie das spezifische Mittel, heilen »Gleiches durch Gleiches«, similia similibus, ähnlich wie in der Homöopathie. Die »characterales« machen durch »ihren Charakter alle Krankheit gesund«, sie heilen durch Zuspruch, durch Suggestion, »mit solcher Kraft, als wenn einer einem befiehlt zu laufen und der läuft, das geschieht mit dem Wort.«[56]

Albertus Magnus soll diese Kunst beherrscht haben. Die Medici spiritales wiederum »gebieten den Geistern der Kräuter und Wurzeln«. Mit Hilfe der Naturgeister können sie die Kranken von ihren Leiden erlösen. Der fünfte Weg schließlich ist der christliche Weg, der Weg der »fideles« der »gläubigen Ärzte«, »aus der Ursache, dass sie Krankheiten durch den Glauben gesund machen, wie der, der da der Wahrheit glaube und wird gesund, wie Christus und seine Jünger getan haben.«[57]

Entsprechend den fünf Heilungswegen gibt es auch fünf verschiedene Ursprünge* der Krankheit selbst:[58] Gestirnseinflüsse, durch den Körper aufgenommene Gifte, vorherbestimmte Anlagen, Geister- und überhaupt geistige Einflüsse und der unmittelbare Einfluss Gottes. Darum gibt es fünferlei Wassersucht, fünferlei Gelbsucht, fünferlei Fieber und so fort. Nach Paracelsus lässt sich jede Krankheit auf eine oder mehrere dieser Ursachen zurückführen. So kann die Wirkung eines Giftes beispielsweise verstärkt werden, wenn es auf eine schwache Konstitution trifft. Zum Erstellen einer korrekten Diagnose muss der Arzt daher die Gesamtheit aller fünf möglichen Ursachen berücksichtigen.

## Von den unsichtbaren Krankheiten

Paracelsus ist der erste Arzt, der sich eingehend mit Krankheiten durch manipulative Beeinflussung beschäftigt hat. Seine Ausführungen gründen auf der christlichen Vorstellung, dass der Glaube Berge versetzen kann. Nachdem er in den Parabüchern die Anliegen des sichtbaren und leiblichen Teils des Mikrokosmos erzählt hat, hält er es nun für notwendig »auch den andern Teil des andern halben Menschen zu beschreiben, auf dass der Mensch ganz in der Vorstellung des Arztes stehe.«[59] »Diese Ding müssen gegründet werden auf die Lehre Christi,

*Ursachen und Ursprünge werden von Paracelsus mit dem Begriff »entia« bezeichnet ( Sing.: »Ens«, das Wesen, das Sein von Etwas).

denn menschlicher Vernunft sind sie unmöglich zu ergründen [...] Ihr wisset, wie das Evangelium einen kurzen Begriff gibt von der Kraft und Macht des Glaubens, da es sagt: Wenn ihr einen Glauben hättet nur wie ein Senfkorn groß, und aus demselben Glauben und in Kraft desselben zu den Bergen da sagen würdet: du Berg, senk dich hinab in das Meer! so geschieht es. Daraus wisset, dass unsere Stärke, die der Leib hat aus dem Fleisch und Blut, gar eine kleine Stärke ist, und unsere wahre Stärke alle liegt allein im Glauben.«[60]

»Nun was erzähle ich aber diese Dinge, da ich doch noch nicht angegriffen habe, was mein Vornehmen ist - wie es geschehe, dass der Glaube den Leib krank mache, denn bisher hab ich allein traktiert die Kräfte und Stärke des Glaubens. Das ist gleich wie ein Arzt, der hat unter sich die guten Arzneien, was für ein Mensch er ist, darnach wird er mit ihnen handeln; er kann dem Kranken mit ihnen helfen, er kann auch mit ihnen töten. Denn kann er Melissen eingeben zur Gesundheit, so kann er Arsenik eingeben zum Tod. Wie ist aber dies zu verstehen? Nichts anders, als dass wir durch unseres Glauben Kraft Gutes oder Böses wirken können, wir Menschen gegen einander. So ist unser Glaube nit anders als eines Werkmannes Instrument. Der Werkmann, der schmiedet ein Messer, damit er seinen Nächsten schlage und verletze ihm den Leib, und ohne Messer und dergleichen kann er ihn nit hauen. So verstehe nun dieses Gleichnis: wenn wir den Glauben missbrauchen wollen und fallen von dem, wozu er uns gegeben ist, und legen unseres Glaubens Kraft in einen falschen Weg und entweichen vom rechten - dieser falsche Missbrauch aus den Kräften des Glaubens schmiedet die Waffe.«[61]

*Abb. rechts: Ansicht von St. Gallen, Holzstich von Heinrich Vogtherr d. Ä., 1545. Der Künstler erfüllt in der Entfaltung seiner Persönlichkeit das humanistische Bildungsideal par excellence: Er war Maler, Zeichner, Holzschneider, Radierer, Buchdrucker, Verleger, Verfasser von Flugschriften, Dichter geistlicher Lieder, Autor medizinischer Schriften und Augenarzt.*

## Vita beata – Die Vision einer neuen Kirche

Paracelsus bleibt mehrere Monate in St. Gallen. Als das *Opus Paramirum* zu Ende geschrieben ist, widmet er es dem einflussreichen Bürgermeister Joachim von Watt. Er erhofft sich von ihm eine Förderung der Drucklegung dieses Werkes. Doch Von Watt, Arzt, Gelehrter und Reformator, setzt sich nicht für ihn ein. Wieder um eine Enttäuschung reicher, zieht sich Paracelsus in die Stille des Appenzeller Landes zurück. Die Jahre 1532 und 1533 verbringt er bei den Bergbauern, Waldleuten und Köhlern der Gebiete von Urnäsch und Hundwil. Zum predigenden Arzt ist er geworden. Von der Notwendigkeit einer Reform der römischen Kirche ist auch er überzeugt, miss-

*Die Schlacht bei Kappel am 11. Oktober 1531, in der die reformierten Schweizer Kantone unter der Führung des Reformators Zwingli gegen die fünf katholischen Bergkantone zu Felde ziehen. Innerhalb kürzester Zeit sind 26 Mitglieder des kleinen und großen Rates, 25 Geistliche und ungefähr 400 Zürcher verwundet oder gefallen; unter den Gefallenen ist auch Zwingli selbst.*

billigt jedoch jede Gewaltanwendung. Für Paracelsus macht es keinen Unterschied, ob Luther, Papst oder Zwingli. »Es ist alles *ein* Ding.« Keiner wird den andern vertreiben. »Darum vertreibt ein Teufel den andern nit.«[62] Die wahre Kirche sucht Paracelsus nicht im »Bethaus«, seine Kirche ist die urchristliche, die der Jünger und Apostel. Seine Vision einer neuen Kirche nennt er die *Vita beata,* seliges Leben. Nur das vorgelebte Beispiel zählt. Die wahren christlichen Lehrer sind die, »die vom heiligen Geist ihre Lehre nehmen ... Sie machen die Blinden sehend, die Lahmen gerade, und alles, was sie an den Dingen tun, das tun sie umsonst, und lehren das Wort Gottes wunderbar ohne Pfründen und Renten und Gült\* … Sie achten keines Reiches dieser Welt noch ihrer Güter; sie wandern ohne Schuh, ohne Säckel, ohne Stecken, zu einem Zeichen, dass ihr Reich nit von dieser Welt ist.«[63] Bis heute gilt in den Schulen der weißen Bruderschaft das alte Gesetz, dass der wahre geistige Lehrer für seine Unterweisungen niemals Geld fordert. Paracelsus ist in

46

*\* Gült =Abgaben*

einfachen Verhältnissen geboren und erzogen worden und hat
dies stets als Geschenk betrachtet. Gerade während der Jahre
unter den Bergleuten besitzt er nicht mehr als die Kranken, die
zu ihm kommen. Immer wieder spricht er von der Gnade der
Armut, die uns allein die Freiheit des Geistes schenke und die
des Herzens. Daher »Selig und mehr denn selig ist der, dem
Gott gibt die Gnade der Armut. Was aber den Reichtum liebt,
das steht auf einem gefährlichen Zweig.«[64]
Wieder einmal wird Paracelsus seine innere Unabhängigkeit
zum Problem. Da er sich im Kirchenstreit, der selbst vor den
abgelegenen Tälern keinen Halt macht, zu keiner Partei bekennen will, muss er auch diese Region verlassen.

## Über Berufskrankheiten und die Pest

Hall und Schwaz in Südtirol sind seine nächsten Aufenthaltsorte. Die Bergwerke des tirolischen Inntals stehen damals in
hoher Blüte. Der größte Teil des weltweit produzierten Silbers
stammt von hier. Die geschäftstüchtigen Fugger sind so einflussreich, dass sie mit dem Schwazer Silber die Politik Europas
und die Entdeckungen der neuen Welt diktierten. Wieder sind es
die Bergleute und Hüttenmänner, zu denen sich Paracelsus
hingezogen fühlt. Tausende schuften täglich in den Stollen. Die
Nässe im Bergwerk, der Rauch der mit Tierfetten und Kienspänen gespeisten Lampen, die harte Arbeit mit dem Eisen und
die einseitige Ernährung versprechen kein langes Leben. Viele
Bergknappen sterben bereits vor dem 35. Jahr. Überall findet
Paracelsus Erkrankungen, die er mit den Tätigkeiten in den
Gruben und Schmelzhütten zusammenbringt und betritt damit
ein völlig neues Feld: das der Berufskrankheiten und der
Arbeitsmedizin. »So die Erzleute, Schmelzer, Knappen und was
den Bergwerken verwandt ist, es sei im Waschwerk, im Silber-

*Eine der 120 Federzeichnungen aus dem »Schwazer Bergbuch«, dem ältesten, vermutlich für Kaiser Ferdinand I. geschriebenen Bergbaubuchs in deutscher Sprache, Mitte 16. Jahrhundert.*

oder Golderz, Salzerz, Alaun und Schwefelerz oder in Vitriolsud, in Blei-, Kupfer-, Zwitter (Zinnerz), Eisen- oder Quecksilbererz, welche in solchem Erz bauen, fallen in die Lungensucht, in Blutungen des Leibs, in Magengeschwür, dieselbigen heißen bergsüchtig. Darauf wisset, dass von diesen Krankheiten bei den alten Skribenten nichts gefunden wird, darum sie bisher unbeschrieben geblieben ist, und auch in der Heilung ausgelassen.«[65]

Als Paracelsus die Bergwerke genügend kennengelernt hat, zieht er über Innsbruck und Matrei am Brenner weiter nach Sterzing, wo im Sommer jenes Jahres 1534 zum achten Mal innerhalb von 22 Jahren die Pest ausgebrochen ist. Paracelsus verfasst ein »Büchlein von der Pest« und widmet es Sterzing. Man soll daraus lernen, wie die Seuche zu erkennen und zu bekämpfen sei. Doch weil er in schlichter Kleidung daherkommt, ist man der Meinung, er könne nicht gut ein Doktor sein. Weder der Bürgermeister noch die reichen Ratsherren

48

*Die Pest kennt weder Stand noch Klasse. Mit Bildern wie diese Szenen aus Holbeins »Totentanz« (1538.) halten die Menschen seit der verheerenden großen Pest im 14. Jh. den Gedanken an die eigene Vergänglichkeit wach.*

schenken der Schrift Beachtung und lassen sie in den Aktenschränken liegen, wo sie erst 1576 ein Sohn Sterzings auffindet und in Straßburg drucken lässt.

Das Jahrhundert des Paracelsus ist eine Zeit des Grauens vor dem Schwarzen Tod, weil er die Menschen so plötzlich dahinraffen kann. Talismane und Pestwässerchen werden auf den Märkten feilgeboten, es gibt hunderterlei Regeln, wie man sich zu verhalten hat. Als Schutzmaßnahme warnt Paracelsus vor den Ausdünstungen des Kranken. Die »Luft von Kranken gibt dem andern Vergiftung.«[66] Um sich gegen Ansteckung zu schützen, rät er denjenigen, die um einen Pestkranken sind, im Mund ein Stück Weihrauch zu tragen und dem Kranken soll in den Mund ein Meisterwurz gelegt werden, so werden Weihrauch und Meisterwurz einander keine Vergiftung zulassen. Daneben wird Erwachsenen empfohlen, in Essig eingelegten Knoblauch mehrmals am Tag zu essen. Oder auch den Saft der Myrrhe zusammen mit Tiriak* und Branntwein gemischt ein- oder dreimal getrunken. Die höchste und beste »Präservierung«

---

*Tiriak (oder: Theriak): viel verwendetes Universalheilmittel gegen die Pest, ursprünglich aus Venedig, das neben Kräutern wie Anis, Fenchel und Kümmel auch Opium enthielt.*

gegen die Pest aber seien gestoßene rote Korallen, alle 12 Stunden ein »halb Quintel«. Kindern mischt man zum Schutz Myrrhe ins Essen.

Die Ursache der Pest sieht Paracelsus in einem vom Menschen selbst durch Eigennutz, Krieg, Neid und Hass verursachten Sterneneinfluss, »sie kommt vom Himmel«. »Leben wir in Tugend, friedsam, in der Liebe, so haben wir einen günstigen, natürlichen Himmel. Wo aber nicht einen zornigen haben wir und gehet über uns aus.«[67] Je schlechter das Tun und Denken des Menschen, desto schneller, stärker und heftiger sei die Pest. Selbstverantwortung ist der Schlüssel für ein gesundes Erdenleben. »Die pestis kommt auf uns nicht, so wir sie nicht [selber] machten, genauso würde ich nicht krumm und lahm, wenn ich mich nicht selber erkrumete und erlemete, also gib ich meiner Krankheit selbst die Ursach, samen und materiam.«[68]

*Imaginatio* ist die verbindende Kraft zum Himmel, dazu bedarf es keiner Berufung oder Beschwörung. »Imaginierungen« liegen in uns Tag und Nacht. »Ob schlafend oder wachend, dann imaginieren wir auf den Neid, Geiz, Untreu und das ist ein solch imaginatio, dass sie in den oberen Himmel geht...«[69] und dieser wirft das Schlechte auf uns zurück gleich einem Spiegel.

Von Sterzing aus zieht Paracelsus über die Hochpässe der Alpen nach Meran und von dort weiter in die Schweiz. Den Sommer 1535 verbringt er in Bad Pfäfers, wohl im Kloster, arbeitet an einer Schrift über die vorzüglichen Heilwirkungen der dortigen Quellen, die er dem Fürstabt Johann Jacob Russinger widmet. Diesen wird er auch behandelt haben, zumindest hat er ihn in Gesundheitsfragen beraten, am 31. August 1535 unterbreitet er ihm seine Ratschläge »gegen des Magens Kälte, Fluss vom Haupt und das Grieß«[70] in einem im Original erhalten gebliebenen »Consilium«. Gegen Ende des Jahres hat Paracelsus die Schweiz wieder verlassen. Den Rhein abwärts wandert er dem

Bodensee zu und weiter nach dem Allgäu. Er berührt Kempten, Memmingen und Mindelheim in Schwaben. Der Tag gehört den Kranken, die ihn in seiner jeweiligen Herberge aufsuchen oder ihn rufen lassen. In der Nacht arbeitet er an seinem neuen Werk, der »Großen Wundarznei«.

## Die große Wundarznei *und*
## Prognosticon auf XXIIII Jahr zukünftig

Zu Beginn des Jahres 1536 kommt Paracelsus nach Ulm. Hier gibt er die Wundarznei in Druck. Da ihn aber die Korrektur nicht zufriedenstellt, die ganze Fertigstellung im Rückstand ist, entschließt er sich, das Manuskript noch einem anderen Buchdrucker zu übergeben. Ganz schuldlos ist Paracelsus an dem Dilemma nicht. »Ich hab diese Wundarznei geschrieben in zwei Exemplar, in mein Handschrift, das ander in eins jungen Substituten, nun hab ichs dem Jungen pronuncirt, wölcher aber nit des Lateins perfect gewesen...«[71] Paracelsus verlangt seinen Verlegern einiges ab. Die Herausgabe seiner Schriften muss wahre Detektivarbeit gewesen sein. Nicht nur, dass Paracelsus sein Schriftwerk oftmals zerstreut hinter sich gelassen hat, sondern seine Handschrift ist außerdem überaus unleserlich und fordert vom Korrekturleser »lange Übung und großen Fleiß«. Sudhoffs akribischer Leitfaden durch die paracelsische Orthographie und Spracheigentümlichkeiten nimmt im ersten Band fünf kleingedruckte Seiten ein. Hinzukommt, dass Paracelsus ein begnadeter Wortschöpfer ist und den Krankheiten bisweilen ganz neue Namen gibt. Diese Eigenart verteidigt er später in seinen *Septem Defensiones* (1538): »Wie kann ich die alten nomina brauchen, dieweil sie nicht gehen aus dem Grund, aus dem die Krankheit entspringt? Sonder es sind nur Übernomina, die niemands weiß wahrhaftig, ob er die Krankheit mit denselbigen Namen recht nenne oder nicht. [...] So ich die Krankheit verstehe und erkenne, so kann ich dem Kind wohl selbst den Namen schöpfen.«[72] Jedenfalls macht sich Paracelsus sofort daran, das Manuskript zur Wundarznei neu zu schreiben und übergibt es in Augsburg dem Buchdrucker Heinrich Steiner, der das Werk noch im gleichen Jahr fertigstellt. Es ist dem König Ferdinand von Österreich gewidmet und trägt selbstredend den Titel: »Erster Teil Der großen Wundarznei des weitberhümpten, bewerten und erfarnen Theophrasti Paracelsi von Hohenheim, der Leib und Wundarzney Doctoris, von allen Wunden, Stich, Schüß, Brend, Thierbissz, Beinbrüch, was nemlich die ganze Heilung, Zufell und Gebresten, gegenwärtig und zukünftig, in sich begreifft.«[73]

Die beiden ersten von insgesamt drei Bänden sind ein großer Erfolg. Die ganze Auflage ist in nur wenigen Monaten vergriffen, obwohl mittlerweile auch der Ulmer Druck im Umlauf ist. Bereits am 23. August 1536 lässt Paracelsus eine kleine nach eigenen Vorgaben illustrierte Schrift ganz anderer Natur ebenfalls bei Steiner erscheinen: »Prognosticon auf XXIIII Jahr zukünftig«. Wer aber exakte Voraussagen für die nächsten 24 Jahre erwartet, wird eher enttäuscht. Vielmehr lässt der rebellische religionspolitisch-philosophische Text so viele Deutungen zu, wie es Leser gibt. Paracelsus betont ausdrücklich, niemand brauche sich betroffen zu fühlen oder eigentlich alle und jedermann.[74] Was er im *Prognosticon* bitter beklagt, sind die schlechten Häupter seiner Zeit. »Nichts ist so gut, das nicht eben so arg werden kann, wenn es ohne Haupt ist. Ohne-ein Haupt-sein gibt Hoffart: die gebärt nichts Gutes. Darum wird ein Haupt gelegt auf dich, dass du unter dem Haupt ein Glied sein und dich drücken lassen musst ...«[75]
Sein höchster Wunsch wäre es, dass es in der Welt noch stünde

*Titelbild zu »Prognosticon auf XXIIII Jahr zukünftig«.*

wie zu den »Zeiten der Magi«, den alten Königen aus dem Morgenland, als der Herrscher noch zugleich ein Weiser war, »da würden die Tugenden wunderbar zunehmen in allen Dingen, so dass sich der Mensch aufs höchste verwundern müsste, dass Gott ein solcher Künstler gewesen ist und ist, der in die Natur solche wunderbarliche Dinge gelegt hat und der das alles dem Menschen gegeben hat zu erforschen. Aber die Magi sind aus; da ist nichts Magisches mehr als Hurer und Buhler, Räuber und Diebe.«[76]

Den Beweis dafür, durchaus in der Zukunftsdeutung bewandert zu sein, erbringt Paracelsus erst in seinen *Jahrespraktiken* 1537,1538,1539. Der Jahresvorschau von 1537 stellt er ausdrücklich voran: Der weise Mann steht über den Sternen. Doch betrachtet man den Menschen genauer, so tut er »gleich eben das, das der Himmel will und noch mehr. Wo der Himmel ein Quintlein einfleußt, da macht der Mensch zehn Pfund draus und ist so noch ärger als ihm der Himmel anzeigt oder eindrückt.«[77]

53

Zwei Mondfinsternisse im Mai und November prophezeien dann auch nichts Gutes, denn sie bringen viel »Lügen und Falsch« und »mehren sich Räuber, Stehler und dergleichen.« Da zudem Mars Regent des Jahres ist »werden groß Verräterei, viel Falsch in Kriegsläufen, darum zu den Zeiten sich ein jeglicher vorsehen soll, dem solch Händel vorzustehen not ist.«[78]
Im fünften Kapitel wird Paracelsus konkreter: »Deutschland wird im Krieg sein in sich selbst, auch Ungarn, Dalmacien, Krabaten, Poland, Preussen, Behemen. Denmark will sich etwas zänkisch zeigen, nichts aber verfängliches. Frankreich, Engellant, Geldern, Stetin, werden um Fried heulen«, Italien mit gutem Wind durchkommen, Mailand geduldet werden, Savoyen wieder grünen, ein mächtiger Feldzug ungewollt viel Blut vergießen.[79] Meteorologisch wagt Paracelsus sogar Vorhersagen bis auf die Minute genau. Es sind solche Schriften, die beim Volk wie bei den höheren Ständen ankommen. Sogar Luther, der in der Astrologie nur eine »feine luftige Phantasei« oder auch eine »heillose und schebiche« Kunst sieht, hat im Jahre 1524 in dem gefürchteten Zusammentreffen mehrerer Planeten im Sternbild der Fische ein Warnzeichen Gottes erkannt.

# V
## *1537-1541*

# Eferding, Wien, Kärnten, Salzburg

Der Geist wehet wo er will,
wer weiß von wannen oder wohin?

*Philosophia sagax 1537*[80]

## Tartarischen Krankheiten *und* Philosophia sagax

Im Frühjahr 1537 ist Paracelsus schon wieder unterwegs. Die Donau abwärts wandernd, teilweise wohl zu Schiff, kommt er über Passau nach Eferding in Oberösterreich. Hier freundet er sich mit dem katholischen Pfarrherrn Johann von Brant an, bleibt längere Zeit bei ihm. In ihm findet er einen Geistesverwandten der *adepta philosophia*, denen er »ein langen Weg nachgereiset«. Was aber »der Alten« sind, ist eine kleine Zahl, deren euer Ehrwürd einer ist unter den ältesten [...] einer aus angeborner Art.«[81] So das Dankeschön für einen bereichernden Austausch der »Experienz« im chemischen Laboratorium. Zu lesen in der Vorrede zu dem in Eferding enstandenen *Buch von den tartarischen Krankheiten*, das Paracelsus dem verehrten Seelsorger widmet.

*Der Tartaros* ist in der griechischen Mythologie der finsterste Ort der Unterwelt, so tief, dass ein Amboss, der von der Erde hinabfällt, neun Tage braucht, um ihn zu erreichen. Tartarus nannte man aber auch den Weinstein, der sich bei Lagerung von Wein am Boden eines Gefäßes absetzt. Tartarische Krankheiten sind nach Paracelsus alle Vorgänge im menschlichen Körper, welche störende Ablagerungen bilden, wie Nieren-, Blasen- und Gallensteine, Lebergries und Salze der Harnsäure, die zu Gelenkkrankheiten, Gicht bis hin zum Kropf führen können. Mit Speise und Trank wird der Tartarus »in uns hineingeboren [...] so dass durch die äußeren Tartari unsere Tartari werden.«[82] Ist der Mensch gesund, so trennt sein innerer Alchemist - die Verdauungskräfte von Magen und Darm - das Reine vom Unreinen. Ist aber der innere Alchemist schwach, so setzt sich das Unreine im Körper ab. Paracelsus behandelt als erster Arzt das Thema »Gift in der Nahrung«. Im *Buch von den tartarischen Krankheiten* beschreibt er in 22 Kapiteln alle ihm bekannt gewordenen Erscheinungen und gibt Anweisungen für ihre Behandlung, so auch Diätvorschläge und Warnungen vor bestimmten Getränken.

Dass ein berühmter Arzt in Eferding zu Gast ist, muss sich rasch in der Gegend herumgesprochen haben, denn hier ereilt Paracelsus die Nachricht, so bald wie möglich nach Südmähren zu dem schwer erkrankten Johann von der Leipnick, dem Erbmarschall von Böhmen, zu kommen. Die ihm dort neben der ärztlichen Betreuung seines Patienten verbleibende Zeit nutzt Paracelsus zur Niederschrift des ersten Teils der *Astronomia Magna oder die ganze Philosophia sagax\* der großen und kleinen Welt,* sein philosophisches Hauptwerk. Man darf annehmen, dass die fruchtbare Begegnung mit Johann von Brant noch nachwirkt. Paracelsus ist höchst inspiriert tiefer in geheimwissenschaftliche Probleme einzudringen. Die Schrift verbindet eine Vielzahl theologischer und metaphysischer Gedanken und ist auf die Erfassung der Weltzusammenhänge gerichtet. Schon um 1535/36 hat sich Paracelsus in der kleinen Schrift *Ein mantischer Entwurf* [83] mit Ursprung und Einordnung der magisch-divinatorischen »Facultäten« der großen Astronomie beschäftigt. Seitdem hat ihn das Themengebiet nicht mehr losgelassen. Ob Astrologie, göttliche Eingebungen im Traum oder Feuer- Wasser- und Spiegelschau, alles sind für ihn im ursprünglichsten Sinne Teilgebiete der Religion. »Im Lichte der Natur sind viele Wege das Licht zu verarbeiten.« [84] Dennoch will er »kein Zauberer, kein Heid, kein Zigeuner geheißen sein«, wichtig ist ihm, die Gesetzmäßigkeiten der geistigen Welt zu sehen.

Um übersinnliche Phänomene zu verstehen, muss man wissen, dass der Mensch zwei Körper hat: »ein corpus materiale und ein

\**sagax* = scharfsinnig

*Obwohl die Wahrsagerei zu den »verboten Künsten« zählt, ist sie in der Renaissance bei Hoch und Niedrig äußerst beliebt. Wahrsager, der dem König seine verschiedenen Methoden unterbreitet. 1555.*

corpus spirituale, und beide natürlich, von der Natur gemacht.[85] [...] Nun folgt aus dem, dass das lumen naturei allein influiert und operiert in dem unsichtbaren Leib, denn aus dem Unsichtbaren kommt es und ist auch an ihm selbst unsichtbar. Aber der unsichtbare Leib hat einen sichtbaren, im selbigen liegt jetzt das Werk. Also ist in dem unsichtbaren die Kunst, in dem sichtbaren das Instrument, das die Kunst des unsichtbaren offenbar machet.«[86] Alle Kunst im Unsichtbaren aber, auch mantische Vorgänge, sprich alle Art von Prophetie, unterliegen nach Paracelsus einem Prozess der natürlichen Ordnung. »Nun ist doch viel im Licht der Natur, das unser Augen nit sehen und ist doch das natürlich Licht. Warum weht der Wind? Wer kann die Beweglichkeit begreifen, sogar wehet er Bäum, Mauern und Türm um. Sollt denn nit in solcher Kraft, die das Element bewegt auch sein ein Bewegung in Händen der Geomantie*?«[87] Wunder wie Zaubereien werden durch den Glauben vollbracht

* *Geomantie = Weissagung aus der Erde.*

oder durch Geister. »Also gewaltig ist der Mensch geschaffen, dass er mehr ist als Himmel und Erde; er hat den Glauben, und der Glaube übertrifft das natürliche Licht und aller Kreaturen Kraft und Macht.«[88] Nach Paracelsus ist der Mensch, weil er aus den vier Elementen der Welt geschaffen »in der Zahl das fünfte Wesen«, außerhalb der Elemente, ein Auszug von den Vieren, also die *Quinta Essentia*. Demnach sind Heil und Unheil der Welt vom Menschen und seinem Werden, Wollen und Tun nicht zu trennen. Alles Unheil der Welt ist nur ein Spiegel des Menschen.

Paracelsus besitzt noch jene natürliche Hellsichtigkeit, wie man sie in Schottland, Irland, Island und anderen abgelegenen Gegenden auch heute noch kennt. Naturgeister sind für ihn keine Fabelwesen, sondern lebendiger Teil seiner Alltagsrealität. Deshalb schreibt er in der *Philosophia sagax* auch sehr nüchtern und realistisch über diese unsichtbaren Wesen: »Ihr Fleisch muss so verstanden werden, dass zweierlei Fleisch auf Erden ist, das Fleisch Adams und das, das nit aus Adam ist. Das Fleisch aus Adam ist ein grob Fleisch, denn es ist irdisch und ist sonst nichts als allein Fleisch, das zu binden und zu fassen ist wie ein Holz oder Stein. Das andere Fleisch, das nit aus Adam ist, das ist ein subtil Fleisch, und ist nit zu binden noch zu fassen, denn es ist nit aus der Erden gemacht. Nun ist das Fleisch aus Adam der Mensch aus Adam; der ist grob wie die Erden. Diese ist kompakt, so dass der Mensch nit durch eine Mauer noch durch eine Wand kann, er muss sich ein Loch machen, dadurch er schlüpfe, denn ihm weicht nichts. Aber das Fleisch, das nit aus Adam ist, dem weichet das Gemäuer; das ist, die brauchen keine Türen, kein Loch, sondern gehen durch ganze Mauern und Wände und zerbrechen nichts.«[89]

»Ihrer Wohnung ist viererlei, das ist, nach den vier Elementen geteilt, eine im Wasser, eine in der Luft, eine in der Erde, eine im Feuer. Die im Wasser sind Nymphen, die in der Luft Sylphen, die in der Erde Pygmäen, die im Feuer Salamander. [...] Wiewohl die Wasserleute auch Undina heißen, die Luftleute Sylvestres und die Bergleute Gnomen und die vom Feuer eher Vulcani als Salamander. [...] die Wasserleute haben kein Geschäft mit den Bergleuten, die Bergleute auch nicht mit ihnen, und so auch die Salamander. Jegliches hat seine besondere Wohnung, aber dem Menschen, dem erscheinen sie, wie obensteht, damit er erkenne und sehe, wie wunderbarlich Gott sei in seinen Werken, dass er kein Element feiern lässt und leer lässt, er hat große Wunderwerke in ihnen.«[90]

Im Spätsommer dürfte Paracelsus das Schloss von Mährisch-Kromau verlassen haben und längst der March nach Preßburg geritten sein. Hier ereignet sich einer der seltenen gesellschaftlichen Höhepunkte in seinem Leben. Am 27. September 1537 gibt der Stadtrichter Blasius Beham ihm zu Ehren ein Festessen, an dem außer den Mitgliedern der Stadtregierung auch die in Preßburg ansässigen Ärzte teilnehmen.

## Sieben Verteidigungsreden *und* Irrgarten der Ärzte

Noch vor dem Jahresende zieht Paracelsus weiter nach Wien, jene Stadt, die er aus der frühesten Studienzeit her kennt. Hier hofft er für einige seiner ungedruckten Werke einen Verleger zu finden. Aber das Verhältnis zu den ansässigen Ärzten ist nicht das beste, woran auch zwei Audienzen bei König Ferdinand nichts ändern können. Schon im Mai 1538 finden wir ihn in Villach, wo er sich den Aufenthalt seines 1534 verstorbenen Vaters beurkunden lässt. Vom Rat der Stadt wird ihm, als dem »natürlichen, ehelichen Sohn« das volle Erbe wie auch etwaige Schulden zugesprochen.

Etwa zwei Jahre bleibt er in Kärnten. Paracelsus fühlt sich schwach und krank, vielleicht ahnt er, dass er sich dem Tode nähert. Angesichts der »Verunglimpfungen seiner Missgönner« fühlt er das Bedürfnis, sich selbst, seinen Weg und sein Anliegen noch einmal verständlich zu machen. In sieben Kapiteln verfasst er seine Verteidigung, die *Septem Defensiones*: Warum er eine neue Medizin und Krankheiten mit neuen Namen lehrt, welchen Nutzen Gifte in seinen Rezepturen haben, weshalb er Abstand zu den falschen Ärzten hält, dass er nicht alles weiß und nicht jeden Kranken heilen kann, weshalb er ein Landfahrer und ein so wunderlicher, zorniger Mann ist. Es ist ein uneingeschränktes Ja zu seinem Schicksal. »Wie kann ich wider das sein oder das gewaltigen, das mir zu gewaltigen unmöglich ist? Oder was kann ich der Praedestination nehmen oder geben?«[91]

In Kärnten entsteht auch der *Irrgarten der Ärzte.* In elf Kapiteln legt Paracelsus noch einmal alle Grundbegriffe seines christlichen Naturbildes dar und die hohen Ideale, die er mit dem Arztberuf verbindet. Ein wahrer Arzt ist nur ein solcher, der seine Aufgabe als selbstloses und demütiges Apostelamt begreift. Denn sucht ein Arzt Heilkunst, sucht ein Arzt Weisheit, »so such er's, wie ihn der Apostel Jacobus lehret, natürlich Kraft zu erfahren von Gott und die verborgenen mysteria. Soll sich niemand befremden, dass ich sag, dass Gott das erste Buch sei. Denn Ursach: wer erkennt die Arbeit am besten, als der sie gemacht hat? [...] Wer ist nun, der die Arznei gemacht hat, anders als allein Gott? Wer ist dann, der sie wisse, als allein Gott? Nun fließt es aus ihm wie die Wärme von der Sonne; die treibt die Blüte hervor. Genauso sollen auch unsere Weisheiten aus Gott fließen. [...] Er hat's alles in seiner Hand behalten. Wollen wir's [ihm] aus der Hand nehmen, es muss durch Bitten geschehen, durch Suchen und durch Anklopfen. So gehet der Weg in die Schule!«[92]

Um aber der Heilkunst durch göttliche Offenbarung teilhaftig zu werden, muss der Arzt eine geistige, unsichtbare Welt anerkennen und sich mit deren Gegebenheiten vertraut machen. Denn kein gesundes und kein krankes Organ ist nur irdischer Körper. Stets leuchtet das »*siderum corpus*«, der astralische Leib aus dem Verborgenen in den grobstofflichen Körper. »Soll nun die Arznei einen gewissen Grund haben, der nicht aus dem Kopf gehet in Erdichtung, sondern er soll gehen durch wahrhaftiges Anzeigen und Lehren, so sollet ihr anfänglich wissen, dass die Krankheiten verborgen sind, auch die Arznei. Und nichts ist unter denen zweien, das durch den irdischen [Leib] muss getan, noch erfunden werden; sondern es muss durch das sidereum corpus geschehen, dass derselbig sieht in die Natur, wie die Sonn durch ein Glas.«[93] Dieser verborgenen Welt muss der wahre Arzt seine Aufmerksamkeit zuwenden, sonst bleibt er ein Irrender. »Denn magica* ist anatomia medicinae zu gleicher Weis wie ein Metzger ein Ochsen zerlegt, und man sieht alles, das in ihm ist und wie er ist, das durch die Haut nit kann gesehen werden – also zerlegt die magica alle corpora der Arznei, in denen die remedia sind, was in demselbigen corpus ist.[94] ... Nit dass die Glieder der Hölzer, der Kräuter, der Rüben gesehen werden, wie sie inwendig sind; sondern da werden gesehen die Kräfte und Tugenden, als wenn man einen Menschen anatomiert.«[95] Erkenntnis und Liebe sind für Paracelsus nicht voneinander zu trennen. Das gilt gleichermaßen von der sichtbaren wie von der unsichtbaren Natur. »Die Erkenntnis gibt den Glauben. Denn der Gott erkennt, der glaubt in ihn. Der ihn nicht erkennt, glaubt in ihn nicht. Ein jedlicher glaubt, wie er [er]kennt. Also in der Arznei auch: ein jedlicher tut, soviel er [er]kennt in der Natur. Der nichts erkennt, tut nichts. Was er tut, das malet er ab, wie ein Maler ein Bild abkonterfeit. In dem ist nun kein Leben, also in dem selbigen Arzt auch [nicht].«[96]

* *Magica = für Paracelsus Weisheit und unmittelbare Gotteserfahrung.*

Zusammen mit den *Tartarischen Krankheiten* widmet Paracelsus am 24. August 1538 in St. Veit an der Glan alle drei Schriften dem Erzbischof und allen Ständen Kärntens. Die Widmung, der heute als *Kärntner Trio* bekannten Sammlung wird mit dem schriftlichen Versprechen angenommen: »Keinen Fleiß zu sparen, damit diese Schriften mit dem ehesten in Druck kommen.«[97] Wieder einmal kann Paracelsus hoffen. Erst 1540 wird ihm klar, dass er wieder nur hingehalten wurde.

## Die Werk zeigen an, dass die Arbeit uss ist ...

Des Wanderns müde kehrt Paracelsus irgendwann im Jahre 1540 zurück nach Salzburg, jene Stadt, in der er vor sechzehn Jahren Fuß fassen wollte und die er dann fluchtartig verlassen musste. Es geht ihm nicht gut. Kurz zuvor hat sich der Landeshauptmann Hans Ungnad, Freiherr zu Sonnegg, mit der Bitte an ihn gewandt, er möge zu seiner Behandlung in die Steiermark kommen. Aber Paracelsus ist erschöpft, lehnt die Reise ab. Was ihn aufs Krankenlager gezwungen hat, bleibt ein Geheimnis, wie überhaupt die Zeit in Salzburg im Dunkeln liegt. Fest steht, dass er am 21. September im Wirtshaus »Zum weißen Ross« in der Kaigasse 8, »schwachen Leibes auf dem Reisebett sitzend, aber der Vernunft, Sinnen und Gemüts ganz aufrichtig«[98], dem Notar Hans Kalbsohr sein Testament bekundet hat. Drei Tage später, am 24. September 1541 stirbt Paracelsus, kaum 48 Jahre alt.

# Literatur

**Baumer**, Franz: Paracelsus. Arzt, Philosoph und Menschenfreund. München 1955.
**Goldammer**, Kurt: Paracelsus. Vom Licht der Natur und des Geistes. Stuttgart 1960.
**Hemleben**, Johannes: Paracelsus. Revolutionär, Arzt und Christ. Frauenfeld 1973.
**Peuckert**, Will-Erich: Paracelsus. Die Geheimnisse. München 1990.
**Schipperges**, Heinrich: Die Kunst zu leben. Eine Reise von Paracelsus zu Goethe. Münster 2001.
**Sudhoff**, Karl (Hrsg.): Paracelsus sämtliche Werke: Medizinische, naturwissenschaftliche und philosophische Schriften. München und Berlin, 1922–1933.
    **Band I**: Früheste Schriften ums Jahr 1520 verfasst.
    **Band II**: Frühe Schriften zur Heilmittellehre (Arzneistoffe und Heilquellen) zur Begründung der tartarischen Lehre in der Pathologie, samt dem 6., 7. und 9. Buche in der Arznei: Tartartische und psychische Krankheiten, Kontrakturen und Lähmungen, geschrieben 1525 und 1526 im südwestlichen Deutschland.
    **Band III**: Drei Prinzipien, Spiritus vitae, Mineralien, De transmutationibus metallorum, 9 Bücher Archidoxis, Vita longa, Praeparationes, Spiritus vitrioli, Guajak, De mumia, Krankheitstypen. Aus den Jahren 1526 und Anfang 1527.
    **Band IV**: Vorlesungen des Sommers 1527 zu Basel: De gradibus, Von Apostemen, Geschwären, offenen Schäden, Von Aderlass, Purgieren und Schröpfen, Modus pharmacandi, Kommentar zu den Aphorismen d. Hippokrates, Harnlehre.
    **Band V:** Baseler Wintervorlesungen 1527/28 über tartarische Erkrankungen, über spezielle Pathologie und Therapie (Paragraphen), über Wunden und Wundbehandlung, Entwürfe zu einer polemisch gehaltenen Wundarznei, Über Lepra.
    **Band VI**: Colmarer Schriften 1528: Bertheonea, Offene Schäden, Franzosen.
    **Band VII**: Nürnberger Schriftwerk aus dem Jahre 1529: Syphilisschriften, Spitalbuch, Politisch-astrologisches.
    **Band VIII**: Schriften aus dem Jahre 1530: Das Buch Paragranum & Entwürfe dazu, Von den hinfallenden Siechtagen, Von der Pestilenz und ihren Zufällen.
    **Band IX**: »Paramirisches« und anderes Schriftwerk der Jahre 1531-1535 aus der Schweiz und Tirol: Unsichtbare Krankheiten, Bergkrankheiten, Von der Pest.
    **Band X**: Schriftwerk des Jahres 1536 aus Schwaben und Bayern: Die große Wundarznei & weitere Entwürfe dazu, Ein mantischer Entwurf.
    **Band XI**: Schriftwerk von 1537–1541: Buch von den tartarischen Krankheiten, Septem Defensiones, Irrgarten der Ärzte, De natura rerum, Mantische Praxis.
    **Band XII**: Astronomia magna oder die ganze Philosophia sagax samt Beiwerk.
    **Band XIII**: Schriften unbestimmter Zeit: Philosophia de generationibus, Liber meteororum, De fundamento scientiarum sapientiaeque, Philosophia tractatus quinque, De imaginibus, Philosophia ad Athenienses, Aus den Wanderbüchern.
    **Band XIV**: Philosophia magna, Spuria (Schriftensammlung mit ungesicherter Autorenschaft des Paracelsus).
**Zekert**, Otto: Die Große Wanderung des Paracelsus. Ingelheim am Rhein 1965.

# Anmerkungen

1   Karl Sudhoff (Hrsg.): *Theophrast von Hohenheim, genannt Paracelsus: Sämtliche Werke.* München/Berlin 1922-1933. Band XI, S. 144

2   Sudhoff: Band X, S. 199 f.

3   Sudhoff: Band XI, S. 151 f.

4   Vgl. Franz Baumer: *Paracelsus. Arzt Philosoph und Menschenfreund*, Murnau o. J., S. 5

5   Niedergeschrieben nach dem Tod des Vaters, 1536. Aus: Will-Erich Peuckert: *Paracelsus. Die Geheimnisse*, München 1990, S. 14

6   Sudhoff: Band XI, S. 176

7   Sudhoff: Band X, S. 379

8   Sudhoff: Band XI, S. 141

9   Sudhoff: Band XI, S. 145 f.

10   Sudhoff: Band X, S. 20

11   Sudhoff: Band I, S. 379

12   Sudhoff: Band XI, S. 144

13   Sudhoff: Band II, S. 133

14   *Das Wundheilpulver des Paracelsus – Kupfervitriol*, www.ener-gie.de/?p=93

15   Nach Peuckert a.a.O., S. 18 ff.

16   Sudhoff: Band I, S. 135 f.

17   Sudhoff: Band I, S. 133 f.

18   Sudhoff: Band I, S. 25

19   Sudhoff: Band I, S. 140

20   Sudhoff: Band X, S. 96

21   Sudhoff: Band X, S. 20

22   Kurt Goldammer (Hrsg): *Paracelsus. Vom Licht der Natur und des Geistes*, Stuttgart 1960, S. 178

23   Sudhoff: Band III, S. 46

24   Sudhoff: Band II, S. 236 f.

25   Sudhoff: Band II, S. 238

26   *Paracelsus unterwegs im sächsisch-böhmischen Erzgebirge*, Verein zur Förderung der naturgemäßen Heilweise nach Theophrastus Bombastus von Hohenheim, NHV Theophrastus, 2002

27   Frank Nager: Goethe, der heilkundige Dichter, Frankfurt a. M./Leipzig 1994, S. 114

28   Sudhoff: Band II, S. 257

29   Sudhoff: Band II, S. 260

30   Sudhoff: Band II, S. 256 f.

31   Sudhoff: Band II, S. 62 ff.

32   Sudhoff: Band II, S. 65

33   Sudhoff: Band II, S. 7

34  Sudhoff: Band III, S. 139
35  Sudhoff: Band III, S. 138 f.
36  Sudhoff: Band III, S. 140
37  Nach Hemleben, S. 46 f.
38  Sudhoff: Band VIII, S. 58
39  Nach Hemleben, S. 52
40  Sudhoff: Band VI, S. 60
41  Sudhoff: Band VI, S. 62
42  Sudhoff: Band VI, S 41
43  Sudhoff: Band VII, S 190
44  Sudhoff: Band VII, S 194
45  Sudhoff: Band VII, S 194 f.
46  Sudhoff: Band VII, S 190
47  Schilderung auf Wunsch des Paracelsus-Gegners Johann Weyer, am 26.11.1555 in einem Brief geschrieben. Abgedruckt in Hemleben, S. 229 ff.
48  Brockhaus Conversations-Lexikon Band 3,  Amsterdam 1809, S. 364
49  Sudhoff: Band IX, S. 337
50  Sudhoff: Band VIII, S. 137
51  Sudhoff: Band VIII, S. 137
52  Sudhoff: Band VIII, S. 175 f.
53  Sudhoff: Band VIII, S. 181
54  Sudhoff: Band VIII, S. 207
55  Sudhoff: Band I, S. 165
56  Sudhoff: Band I, S. 168
57  Sudhoff: Band I, S. 168
58  Sudhoff: Band I, S. 171
59  Sudhoff: Band IX, S. 251 f.
60  Sudhoff: Band IX, S. 260
61  Sudhoff: Band IX, S. 265
62  *Sermones in incantatores* 477 b, nach Goldammer, S. 170
63  *De religione perpetua*, nach Peuckert, S. 453 f.
64  Nach Schipperges, S. 16
65  Sudhoff: Band IX, S. 463 f.
66  Sudhoff: Band IX, S. 554
67  Sudhoff: Band IX, S. 571
68  Sudhoff: Band IX, S. 578 f.
69  Sudhoff: Band IX, S. 579
70  Sudhoff: Band IX, S. 663
71  Sudhoff: Band X, S. IX
72  Sudhoff: Band XI, S. 135
73  Nach dem Titelbild der Wundarznei, in: Otto Zekert: *Die Grosse Wanderung des Paracelsus*, Ingelheim 1965, S. 31
74  Sudhoff: Band X, S. 620

75  Sudhoff: Band X, S. 599
76  Sudhoff: Band II, S. 132
77  Sudhoff: Band XI, S. 227
78  Sudhoff: Band XI, S. 229
79  Sudhoff: Band XI, S. 233
80  Sudhoff: Band XII, S. 181
81  Sudhoff: Band XI, S. 17
82  Sudhoff: Band XI, S. 40
83  Sudhoff: Band X, S. 637
84  Sudhoff: Band XII, S. 7
85  Sudhoff: Band XII, S. 52
86  Sudhoff: Band XII, S. 53
87  Sudhoff: Band XII, S. 180
88  Sudhoff: Band XII, S. 183
89  Sudhoff: Band XIV, S. 120
90  Sudhoff: Band XIV, S. 124
91  Sudhoff: Band XI, S. 141
92  Sudhoff: Band XI, S. 172 f.
93  Sudhoff: Band XI, S. 204
94  Sudhoff: Band XI, S. 204
95  Sudhoff: Band XI, S. 206
96  Sudhoff: Band XI, S. 207
97  Sudhoff: Band XI, S. XI
98  Nach Hemleben, S. 75

Die Paracelsus-Zitate wurden wegen besserer Verständlichkeit teilweise dem modernen Schriftdeutsch angepasst.

# Bildnachweise

S.3 Augustin Hirschvogel: Porträt des Paracelsus von 1540 mit seinem Lebensleitsatz in lateinischer Sprache © PD

S.8 Unbekannter Künstler: Die Teufelsbrücke am Etzel © PD

S.12 Unbekannter Künstler: Jakobsweg über den Etzelpass nach Einsiedeln © PD

S.14 Unbekannter Künstler: Niccolo Leoniceno, Clendening Library Collection © PD

S.14 Unbekannter Künstler: Giovanni Manardi © PD

S.17 Reisewege des Paracelsus, aus: 500 Jahre Paracelsus, Schweizerische Paracelsus-Gesellschaft, Bern 1994, S.28

S.20 Tabula Smaragdina, aus: Heinrich Khunrath: Amphitheatrum Sapientiae Eternae, Hannover 1609 © PD

S.25 J.J. Hertel: Das Heilbad Gastein mit dem Wasserfall © PD

S.28 Amédée Masclef: Hypericum perforatum © PD

S.28 Helleborus niger, aus: Thomé: Flora von Deutschland, Österreich und der Schweiz, Gera 1885 © PD

S.28 Lärchenharzung, unesco.at

S.34 Jan Sadeler nach Christoph Schwartz: Geschichte der Syphilis © PD

S.36 Stradanus: Stich nach unbek. Künstler. Heilmittelbereitung des Guajaks © PD

S.41 Labor von Andreas Libavius im Historiengewölbe in Rothenburg ob der Tauber © PD

S.45 Heinrich Vogtherr (der Ältere): Ansicht von St. Gallen. Aus der »Schweizer Chronik« von Johannes Stumpf, Zürich 1548 © PD

S.46 Johannes Stumpf nach Hans Asper: Die Schlacht bei Kappel © PD

S.48 Unbekannter Künstler: Illustration aus dem »Schwazer Bergbuch« © PD

S.49 Hans Holbein d. J.: Ausschnitte aus dem »Totentanz« © PD

S.53 Titelbild/ Paracelsus: »Prognosticon« © PD

S.54 Titelbild/ Paracelsus: »Prophezeiungen und Weissagungen« © PD

S.58 Olaus Magnus: Holzschnitt, Wahrsager vor dem König © PD

Cover: Unbekannter Künstler: Bildnis des Paracelsus vermutlich nach einem Stich von Augustin Hirschvogel © PD

Die mit PD/ Public Domain gekennzeichneten Werke sind Teil der freien Mediensammlung Wikimedia Commons.